「余裕のない1日」を
「充実した1日」に変える
朝時間の使い方

がんばらない早起き

井上皓史

かんき出版

朝です。

この町では、いつも同じ家の明かりが
最初に灯ります。

そんなに早く起きて、
いつも何をしているのでしょうか？
ちょっと覗いてみましょう。

どうやら、家族が起きだす前の
ひとり時間を楽しんでいるようです。
好きな音楽を聴きながら、
ネイルケアでしょうか。
朝いちばんに、自分の気分が上がることをする。
早起きの目的は意外なものでした。

あ、そろそろほかの家も
起きだしてきたようです。

出勤、家族の見送り、子どもを保育園に連れていく時間。
家を出るまでのタイムリミットまで、
どの家も大忙しです。

一方、朝からリラックスタイムを楽しんでいた
あの家は、家族そろって朝ご飯の様子。
お母さんの表情が明るいと、
家族の表情も明るいですね。

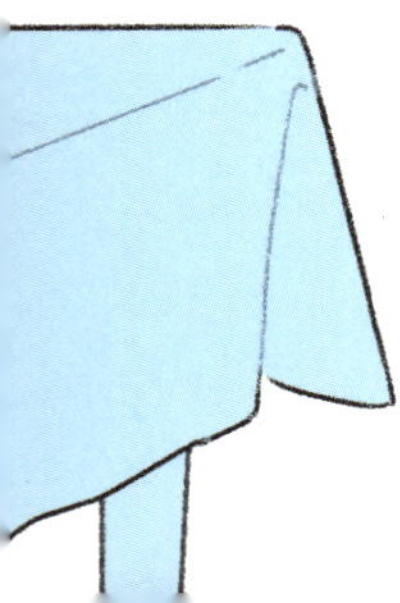

たくさん仕事を抱えているはずなのに、
なぜかゆとりがある人。
いつも笑顔のママさん。
まわりを見渡すと、不思議と
いつも「ごきげん」な人がいます。
あなたの近くにも、
そんな「余裕のある１日」を過ごしている人は
いないでしょうか。

朝、いつもよりほんの少し早く起きるだけで
モヤモヤ、イライラしていた気持ちが解消されるとしたら。
いつもよりも家族にやさしくなれるとしたら。
家に帰るのが楽しみになるとしたら。

その日が「余裕のない１日」になるか
「充実した１日」になるかは、
朝をどう過ごすかによって決まります。

あなたも、「ごきげん」な今日を過ごすために
朝時間の使い方を見直してみませんか？

はじめに

朝を制するものは人生を制す

朝を制するものは人生を制す。

ちょっと大げさに聞こえるかもしれません。でも、朝時間をどう過ごすかが1日の流れを大きく左右することに気づいている人は、少なくありません。私自身、この言葉を信じ、実践してきました。

朝を変えれば、人生も変わる――これが私の最も伝えたいことです。

私は現在32歳、株式会社MorningLaboで取締役を務めています。この会社では、「〝あったらいいな〟はきっと叶う」を理念に掲げ、女性向けマーケティングやブランディングの支援を通じて、新しい価値を社会に届ける活動を行っています。その一事業として、私は早寝早起き研究所「朝渋」事業の責任者を務めています。

「朝渋」は、2017年にスタートしました。活動ネームを「5時こーじ」と名乗り、SNSやメディアで発信をしています。これまでに累計3万人が参加した朝の読書会を開催し、朝活コミュニティを立ち上げて、1000人以上の方を早寝早起きの習慣へと導いてきました。

私自身、幼少期から早寝早起きを続けてきましたが、この経験を通じて確信しました。**「朝の過ごし方次第で、人生の質は格段に上がる」**と。

でも、早寝早起きと聞くと、「ストイックでハードルが高い」と思う人もいるかもしれません。

この本でお伝えしたいのは、そうした「がんばる早起き」ではありません。

たとえば、毎朝5時に起きる必要なんてありません。いつもより1時間だけ、30分だけ、早く起きてみる。何をするかも自由です。

27歳から32歳へのゲームチェンジ

27歳のとき、私は『昨日も22時に寝たので僕の人生は無敵です』（小学館）という早起き本を出版しました。この本では、22時就寝・5時起床を基準にした、効率的でストイックな早寝早起きを提案しました。

おかげさまで多くの方に手に取っていただき、「早起きが人生を変えた」という声もたくさんいただきました。

しかし、あれから5年。現在、私は4歳と0歳の娘を育てながら、育児と仕事の両立に励んでいます。

育児、仕事、そして自分の時間――このバランスを取るのは簡単ではありません。生産性高く、効率を追い求める早起きを実践しようと試みた期間もありましたが、うまくいかず、むしろ疲れてしまうと気づきました。

そこで、「ストイック」な早寝早起きから、「ごきげん」な早寝早起きに変えることを決めたのです。

効率ではなく、心を満たすための朝時間。それが私の生活を大きく変えました。

早寝早起きの目的は、「朝1時間の自分時間」を確保することです。

朝の静かな時間に、自分のためだけに使える時間がある。その余裕が、1日の流れを驚くほどスムーズにしてくれます。

たとえば、本を読む、軽い運動をする、コーヒーを飲みながら今日1日のスケジュールを確認する――どれも素敵な「自分時間」の過ごし方です。

何をするかは自由。「自分時間」は、だれにも邪魔されない、自分だけの特別なひとときです。

もし、毎日1時間の余裕が増えたら、あなたは何をしますか？　その時間の積み重ねが、1週間、1か月、そして人生そのものに大きな変化をもたらします。

がんばらない早起き

改めて言いますが、**この本が提案するのは、「がんばる早起き」ではありません。「がんばらない早起き」です。**

いつもの起床時間を少しだけ早めて、朝の1時間を自分のために使う。それだけで、毎日の「ごきげん」を作り出します。

「ごきげん」でいることは、じつは人生を豊かにする最強の方法です。

余裕があると、仕事もうまくいきますし、家族や職場の人間関係も良好になります。結果的にストレスが減り、心の健康が保たれます。

さらに、「ごきげん」でいることで、無駄な消費も減り、自然とお金が貯まるようになります。自分を「ごきげん」にすることは、じつはコスパもタイパも最強なのです。

早起きは短期的なチャレンジではなく、人生をよりよくするための「長距離走」です。この本では、その長い旅を楽しむための方法を具体的にお伝えします。

早寝早起きは、ただの「時間管理術」ではありません。それは、自分を喜ばせ、人生をもっと楽しくするためのツールです。

「効率重視」から「楽しむための朝時間」へ。この本を通じて、あなたの「余裕のない1日」が「充実した1日」に変わるきっかけをつかんでいただけたら、これ以上嬉しいことはありません。

それでは、「がんばらない早起き」の世界へ、一緒に踏み出してみましょう！

第1部 いつも「ごきげん」な人が朝を大切にしている理由

Part 1 「自分時間」で過ごすか「他人時間」で過ごすか

Part 2

「早起き」で1日を「〇《マル》」からスタートさせよう

第2部

毎日の充実度を上げる「朝時間」の使い方

Part 3

朝の「自分時間」に何をするのか

Part 4
「時間割」にして考える

Part 5
「自分アポ」で1か月分のスケジュールを立てる

Part 6 定期的に「自分面談」をする

Part 7

早寝早起きを制するために

編集協力　沢辺有司
カバーデザイン　西垂水敦・岸恵里香（krran）
本文デザイン・ＤＴＰ　木戸麻実
イラスト　たぐちまなみ

第1部

いつも「ごきげん」な人が朝を大切にしている理由

Part 1

「自分時間」で過ごすか「他人時間」で過ごすか

「早起き」は自分をごきげんにするための手段

あなたは「ごきげん」な人生を送っていますか？

私は街を歩いていると、「この人、ふきげんそうだな」と思うことが少なくありません。

「ごきげん」のほうが幸せに生きられることは、みんなわかっています。それなのに、多くの人が「ふきげん」で生きている気がします。

ふきげんな人が多いからか、「ストレス市場」というものまで盛り上がっています。ほんとうは盛り上がってはいけないはずですよね。

では、この「ふきげん」や「ストレス」の根源にあるものはなんでしょうか。

それは、**「時間がない」**なのです。

人は時間がない状況が続くと、どうしても精神的に追い込まれてしまいます。そんなとき、同僚や家族から「ちょっと相談があるんだけど」と言われると、「今時間がないんだけどな」と思って、つい「ふきげん」が態度にでてしまいます。

子育て中の人なら、子どもから「パパ、聞いて」と言われても、「今は忙しいからあとにして！」と思ってしまいます。

時間さえあれば、同僚や家族の相談に「コーヒーでも飲みながら話そうよ」と提案することができるかもしれません。子どもの話にも、じっくり耳を傾けてあげられるでしょう。

結局のところ、**「ごきげん」と「ふきげん」は、時間があるかないかで変わってくる**のです。

一生の悩み「時間がない」を解消すると無敵になる

学生のときは、お金はないけれど時間はありました。社会人になると、お金はあっても時間がありません。

30代、40代、50代となって、収入や貯金は増えるかもしれませんが、仕事や家庭での責任が大きくなるにつれて自由に使える時間は減っていきます。

「時間がない」。老後までこの悩みは続きます。

何十年も続く、「時間がない」という大きな悩み――。

私はこの悩みを、早寝早起きによって解消しています。

私はお金持ちではありませんが「時間持ち」です。自分で自分の時間をコントロールしているので、時間がないと感じることがありません。社会人では稀有《けう》な存在かもしれません。

たとえば私は毎朝、娘を保育園に送りとどけています。ほかの親御さんはすごく急いでいるので、保育園の先生に「お願いします」と言うなりすぐに出ていってしまいますが、私は早起きによって生み出した時間にすでに仕事を終わらせているので、時間に余裕があります。

ですから、ときには娘といっしょに絵を1枚描いてから保育園を出ます。ほんの3、4分のことです。でも、かけがえのない時間だと思います。

パートナーや子どもといっしょにテーブルを囲んで朝食をとる。ご飯を食べながら、昨日あったできごとや、その日の予定を話す。

このような豊かな時間を過ごせるのは、私が早起きによって時間を生み出しているからです。

「時間持ち」でなければ、平日の朝にパートナーや子どもといっしょに朝食をとることさえ難しいかもしれません。

「時間がない」というのは、そのままにしていたら一生つきまとう問題です。

逆に言えば、**この問題を解決してしまえば、日々の「ふきげん」が解消されて、毎日を「ごきげん」に過ごせる**ということなのです。

「お金持ち」より「時間持ち」に

「時間持ち」はお金も時間も手に入れる

突然ですが、みなさんは「お金持ち」と「時間持ち」のどちらになりたいですか？

ふつうは「お金持ち」になりたいと思います。

「お金持ち」になるためには、キャリアアップや年収アップをめざすのが一般的な考え方になると思います。しかし、キャリアアップするには、知識をつけたり、経験を積んでスキルアップしなければなりません。つまり、スキルアップには学ぶための時間がいるということです。

結局、**「お金持ち」になるには、時間が必要**なのです。

一方、「時間持ち」の人には時間があります。

その時間でたっぷり学んでスキルアップし、キャリアアップや年収アップにつなげ、やがては「お金持ち」をめざすことができます。

「時間持ち」というと、暇でお金もないというイメージがあるかもしれません。しかし**本当の「時間持ち」とは、自分の興味のあることや、学びのためにたくさんの時間をかけることができる人**です。

具体的な例で考えてみましょう。

もし「時給1万円」か「1時間の自由」を選べるとしたら、どちらを選びますか？

たいていの人は、お金が得られる時間（＝「時給1万円」）を選択するのではないでしょうか。

対して「1時間の自由」にはお金は発生しませんが、1時間の自由をもらって、その時間をスキルの勉強に費やしたとします。これを10時間、100時間、

1000時間と続けていくと、その人はものすごいスキルを身につけ、時給1万円どころか、5倍、10倍の能力をもつかもしれません。

多くの仕事と同じようにその人の能力によって時給額が変わるとすると、「時給1万円」を選んだ人は、今後も選択肢は変わりません。

一時的に高い収入を得ることはできますが、いずれ「1時間の自由」を選んだ人に追いつかれ、ついには逆転されます。

その後は収入の差が広がる一方です。

「お金持ち」をめざすうえでも、「時間」に投資したほうが、結果的には「お金持ち」になることができるということです。

「20年後の幸せ」vs「今この瞬間の幸せ」

「時間持ち」の人には、もう1つの強みがあります。「時間持ち」の人は**今この瞬間を豊かに過ごせる**のです。

たとえば、子どものご飯をつくりながら立ったまま台所で朝ご飯をすませている人が、あと30分、時間をつくることができれば、きちんと料理をお皿にもって、テーブルで子どもといっしょにご飯を食べることができます。

毎朝買い置きのロールパンをかじりながら出勤している人が、あと10分、時間をつくることができれば、近所のパン屋で焼きたてのパンとコーヒーを買うことができます。

このように、ちょっとした時間をつくることでも、日常の豊かさは変わります。

お金を使わなくても、「時間持ち」になれば、1日の充実度や満足度を上げるこ

とはできるのです。

私のある友人は、30歳の頃にこう言いました。

「50歳になったら、どこかの地方に別荘を建てて優雅に過ごしたい。だから、そのために今、一生懸命働いて稼いでいるんだ」

これを聞いて私は思いました。

「今から20年を犠牲にするってこと？　それは、楽しいことを先送りにするようなものだよね。それって楽しい人生なんだろうか」

私は、今を犠牲にする働き方をして「ふきげん」をためて、未来にごほうびをもらうというのは、なんだかもったいない気がします。

それよりも、今という時間を「ごきげん」で過ごしたほうが、ずっと豊かな人生を送れると思うのです。

ごきげん方程式＝早寝早起き＋自分時間

そろそろ「時間がない」から解放されよう

時間があれば心に余裕ができ、「ごきげん」でいられます。時間がないと、心に余裕がなくなり、「ふきげん」になります。

ということは、自分で時間をつくりだすことさえできれば、「きげん」は変えられるということです。

では、どうやって時間を生み出し、「ごきげん」をつくるのか？

そろそろ私が実践している、とてもシンプルな「ごきげん方程式」を紹介しましょう。

ごきげん＝早寝早起き＋自分時間

この「ごきげん方程式」のポイントは2つ。

1つは、**早寝早起きで睡眠を十分にとること**です。私の場合、理想の睡眠時間は7時間です。睡眠を十分にとることで、まずはコンディションを整えます。

もう1つは、**「他人時間」ではなく、「自分時間」をつくること**です。あとで詳しく説明しますが、「自分時間」というのは、朝の1時間のことです。

私自身は朝2時間をとっていますが、1時間でも十分ですし、人によっては「30分でも『ごきげん』になれる」という人もいるかもしれません。

この本のコンセプトは「がんばらない」。自分が「ごきげん」を保てているのなら、無理に時間を増やして「がんばる」必要はありません。

わかりやすく考えるために、この本では1時間をベースに考えていきます。

つまり、1日24時間のなかで、「十分な睡眠時間」と「朝の1時間」を確保するということになります。

というわけで、「ごきげん方程式」は、次のように言い換えることができます。

ごきげん＝早寝早起き＋自分時間＝十分な睡眠時間＋朝1時間

睡眠が十分にとれていて、朝1時間の「自分時間」がある。ここから1日をスタートします。すると、自然と心に余裕ができて、日中もイライラすることがありません。

こうして私は自分から「ごきげん」をつくることができています。

自分の「ごきげん」は内側からつくる

でも、「そんなことをしなくても、ごきげんになることはできる」と考えている人もいるかもしれません。

日々のストレスを解消する方法はいくらでもあるからです。

たとえば、「お酒を飲む」「海外旅行に行く」「高級レストランに行く」「買い物をする」などです。

たしかに、これなら「ごきげん」になりますよね。


ただし、これらの方法で手に入れる「ごきげん」は一過性のものです。そのときは楽しく「ごきげん」になりますが、必ず終わりがやってきます。

非日常から日常に戻れば、また寝不足で時間がないという生活になり、「ふきげん」になってしまいます。

それに、これらの方法は時間もお金も浪費するというデメリットがあります。


多くの人は、時間とお金を使い、外部の刺激で一時的に自分を楽しませて、一過性の「ごきげん」をつくっているにすぎません。

そうではなく、**内側から自分の「ごきげん」をつくる方法が「ごきげん方程式」**です。アプローチがまったく違います。

「ごきげん」になると、心も体も健康でいられます。人間関係で揉めることも少なくなり、大切な人との時間もより充実したものになります。

まずは、「ごきげん方程式」で朝時間をデザインし直すことからはじめませんか？

「自分軸」と「他人軸」

「○○すべき」から卒業しよう

「ごきげん方程式」の土台となる考え方に、「自分軸」と「他人軸」があります。

「20代はこうしておくべき」「家族をもったらこうするべき」「会社員はこうあるべき」「飲み会に誘われたら行くべき」など、他人の意見やSNSの意見を気にしながら生きている人は少なくないと思います。

他人の意見に合わせて生きるというのは、「自分軸」ではなく、「他人軸」の生き方です。

かつて私も、人の機微を感じやすく、「この人、怒ってるかな」「この人、きげん悪そうだな」などと人の顔色を窺《うかが》いながら過ごしていました。

まさに「他人軸」で生きていたと思います。

他人の意見や行動にあわせるというのは、世の中的にはとても大事なスキルかもしれませんが、気づけば自分が疲弊してしまいました。

「他人軸」の例としてよくあるのが、こんな場面です。

友人に「明日のランチ、池袋と渋谷のどっちがいい？」と聞かれたときに、「どちらでも大丈夫！」と答えます。ところが、「じゃあ、池袋でお願い」と言われると、「じつは渋谷のほうが近くて都合がよかったんだけどな」と少し後悔します。

また、上司から「今日、残業できない？　この資料まとめてほしいんだけど」と言われ、断れずに「わかりました」と残業を引き受けます。本当はその日、会社帰りにヨガに行くつもりだったけれど、仕方がないので自分の予定をキャンセルし、仕事を優先します。「仕事のほうが大事だから」と自分を納得させようとするものの、なんとなくイライラします。

どちらも日常の些細なシーンですが、このように**他人の意見（＝他人軸）にあわせていると、小さな「ふきげん」がたまっていきます**。

日頃からこうしたことを繰り返していると、知らず知らずのうちに自分の「ごきげん」バロメーターは下がり、「ふきげん」になっていくのです。

このままでは「ごきげん」な人生を送れるはずがありません。

「納得の純度」を高めれば、「ふきげん」は避けられる

私が「他人軸」のレールから外れようと思ったのは、25歳のときのことです。

もともと早起きの家庭で育っていたこともあり、早起きは幼い頃から自然と身についていたのですが、社会人になると自分のペースで動くことが難しくなりました。

残業や飲み会などで帰宅が深夜になったり、その影響で睡眠時間が十分にとれないということが頻繁に起こりました。最初はそれでも仕方がないと思っていたのですが、しばらく過ごしてみて、やはりどう考えても今の状況は生産性が高いとは言えないと再確認したのです。

そこで、当時働いていた会社の上司に「夜残業をしないかわりに、朝早くきて仕事を終わらせます」と直談判。先に宣言してしまうことで、22時に寝て5時に起きるという自分ルールを、行動の優先順位のトップに置くことにしました。

つまり、他人の「ごきげん」にあわせることをやめて、自分で選択して、自分で行動するようにしたのです。

こうして自分の生き方を「他人軸」から「自分軸」に変えて以来、心がとても楽になりました。

「明日のランチ、池袋と渋谷のどっちがいい？」と聞かれたときには、「渋谷のほうが都合がいいので、渋谷でお願い！」と答えます。

上司から「今日、残業できない？　この資料まとめてほしいんだけど」と言われたら、「今日は予定があるので、申し訳ないですができません」と断ります。

私はいつも、何かを選択するときに「納得の純度」を高めることを大切にしています。

「納得の純度」が低い人は、他人の意見に巻き込まれて、ずっと他人軸で生きることになります。「本当はやりたくなかったのに」と、いつも言い訳をしています。

「納得の純度」が高い人は、いつも自分で考えて、選択して、行動します。自分軸をもっているので、どんな結果になろうと「自分で決めたんだからしょうがない」と納得がいきます。

それは「ふきげん」とは違います。たとえ大変な思いをしたとしても、そのときはきっと、きげんは悪くないはずです。

「早起き」は「自分軸」による行動

1日のスタートは自分で決める

自分で選択して、自分で行動する――。

では、何からはじめますか？


いちばんシンプルなのが、早寝早起きです。

なぜなら、「寝るか／寝ないか」「起きるか／起きないか」は、他人の「ごきげん」にあわせる必要がないからです。

さらに、早寝早起きには、「仕事ができる／できない」「お金がある／ない」のような参加条件はありません。他人の意見に関係なく、だれもがフラットに実践できるものです。

もっといえば、**自分の意思で早起きすることは、1日のスタート地点を自分で選んでいることを意味します。**

だれかに起こされたとか、寝坊して慌てて起きたとかではなく、「今、ここからスタートするぞ」と、自分で1日のはじまりを選んでいます。

まさに「自分軸」の行動です。

早起きで朝時間をコントロールする

「早起きのメリットってなんですか？」

よくこんな質問をうけます。

この質問に答えるなら、「静寂から1日をスタートできること」だと思います。「静寂」とは、周りが動いていない状態です。

想像してみてください。

朝起きた瞬間、いきなり渋谷のスクランブル交差点に立たされていたら？　情報量が多すぎてカオスな状態ですよね。

朝、時間ギリギリまで寝ていて慌てて家を出るというのは、この感覚に近いのではないでしょうか。起きた瞬間に、いろいろな情報の渦に放り込まれ、自分ではコントロールできない状態です。

ここから1日がはじまると考えると、これは結構、疲れますよね。

そうではなく、早起きをして、周りが動きだす前の「静寂」の時間をつくります。

この時間は、自分でコントロールできる時間です。**周りに流されずに、自分で意思決定ができる時間**です。

自分でコントロールできる時間＝「自分時間」

逆に言えば、朝以外に自分でコントロールできる時間をつくるチャンスはほぼありません。

家族やパートナーが起きてきて、仕事や家事がはじまると、自分が時間をコントロールできる状態ではなくなります。ＳＮＳやＬＩＮＥなどのツールは24時間つながっているので、それが動きはじめると、いつどこにいても画面に表示されるメッセージに意識や時間を奪われていきます。

実際、１日のほとんどは「他人時間」になりがち。忙しい毎日の中で「他者とのかかわりのない時間」をつくるのが難しいということは、みなさんお気づきだと思います。

ですから、「他人時間」に巻き込まれる前に、自分がコントロールできる時間を意図的につくって1日をスタートするというのは、その日のあり方を決める重要なことだと思っています。

この他人の意思の及ばない、自分でコントロールできる時間こそが「自分時間」です。

1日のはじまりに、他人に干渉されることなく、自分がやりたいことを自分のペースでできる時間がある。

早起きによって生まれた朝の「自分時間」によって、「ごきげん」な状態からその日をスタートさせることができます。

だから私は、早寝早起きを実践しているのです。

大切にすべきは1に自分、2に家族、3に仕事

家族よりも仕事よりも自分を大事にするべき理由

少し話は戻りますが、もうひとつ、「自分軸」で生きるために大事にしてほしい考え方があります。

それが、「大切にすべきは1に自分、2に家族、3に仕事」という考え方です。

ビジネスパーソンであれば、「1に仕事、2に家族、3に自分」という人は多いと思います。まずは仕事がベースにあり、仕事であまった時間が家族の時間で、自分の時間は犠牲にするという感じです。

この場合、ほとんどの時間を「他人軸」で生きていることになります。

「ほんとうは映画を観たいのに」「もっと小説を読みたいのに」と思いながらも、時間がないのでその願望は封印されます。「ふきげん」がたまっていきます。

これを続けているとどうなるかというと、ストレスがたまっていて常に「ふきげん」なので、1番に優先するはずの仕事にも「ごきげん」で向き合えなくなります。「ふきげん」な人と積極的に仕事をしたいと思う人はいないので、職場の人間関係に影響が出ます。気持ちに余裕がない状態でいくら仕事を頑張ったところで、ミスは増えてもパフォーマンスの向上は望めません。

同じように、家族とも「ふきげん」のまま接することになります。余裕がなくイライラした状態は伝染して、家庭の空気は悪くなるばかりです。

自分を犠牲にしていると、仕事も家庭も悪循環に陥るわけです。

この順番を「1に自分、2に家族、3に仕事」にするとどうなるでしょうか？

まずは、自分自身がストレスをためないこと。自分が「ごきげん」であることを第一優先にします。

この状態が守られていれば、家族との会話も増え、家庭内の雰囲気も明るくなります。

安心できる家があれば、仕事にも集中して取り組みやすくなります。パフォーマンスが向上し、成果につながりやすくなります。いつも余裕があり、ちょっとした質問や雑談に応じてくれる仕事仲間は、周りにとっても頼もしい存在です。

「1に自分」を実現するために必要なもの

もしかしたら、「1に自分、2に家族、3に仕事」は理想論に聞こえるかもしれません。

では、「1に自分、2に家族、3に仕事」を実現するために、具体的に何をすればよいかというと、**やはり「自分時間を持つこと」**だと思うのです。

自分の心身のコンディションを整え、自分を「ごきげん」にするには、他人に左右されることなく、自分の意思でやりたいことをやる時間が必要です。

「ほんとうは映画を観たいのに」と思っているなら、「自分時間」を映画を観る時間にしてもいいでしょう。「もっと小説を読みたいのに」と思っているなら、読書の時間に充てます。

「自分時間」は、自分を大切にするためのメンテナンスの時間でもあるのです。

「自分時間」によって「もっと〇〇したいのに」という不満が解消されれば、心に余裕が生まれます。心に余裕が生まれれば、家族や他人にもやさしくなれます。

結果的には、家族や仕事を大切にすることにもつながります。

朝の「自分時間」が1日を変える

「自分時間」が朝でなければダメな理由

私は早寝早起きによって、朝に「自分時間」をつくることをすすめていますが、「夜ではダメですか？」という質問をよくいただきます。

答えはノーです。

夜は、朝よりも確実に疲れています。そんなときに「自分時間」をとっても、判断力がにぶく、非生産的だからです。

たとえば1日の終わりに時間をとってじっくり考えごとをしようと思っても、夜の決断は深夜に書いたラブレターのようなもの。翌日冷静になってみるとだいたいまともではなく、恥ずかしくなってやり直すのがオチです。
実際、夜に決めたことでうまくいくケースは稀なのです。

また、夜は外部からのノイズが多いので、「自分時間」に集中するのが難しくなります。ＳＮＳやYouTubeなどの投稿が活発な時間帯なので、気になる情報や魅力的なコンテンツに誘惑されやすく、集中できません。
飲み会などのお誘いがあれば、「今日は飲みに行っちゃおう」となりやすくもなります。

そして夜は、時間の制約がないことも問題です。
いくらでも夜更かしできてしまい、「自分時間」とは名ばかりに、だらだらと無駄な時間を過ごしてしまうことになりかねません。

ですから、**疲れていて、判断がにぶく、誘惑が多い夜には期待しないこと**です。

ちょっと極端ですが、私のスタンスは**「夜は捨てる」**。

夜の時間は睡眠に充てて、翌日の朝の「自分時間」を確保するための準備と考えましょう。

早寝早起きで十分な睡眠がとれていて、ノイズが少なく、頭が冴えている朝に「自分時間」をつくることをおすすめします。

時間に制約があるからこそパフォーマンスは発揮できる

朝は出勤時間などの制約があることが気になるかもしれませんが、じつは制約があればあるほど人は集中でき、生産性が上がります。

たとえば、「会議までの1時間」で集中して作成した資料と、残業時間に2、3時間かけてだらだら作った資料では、それほどクオリティの差はないでしょう。むしろ、集中して作成した資料のほうが完成度は高いかもしれません。

「子どもが帰ってくるまでの1時間」でこなせるはずの家事が、「子どもが寝たあとにやろう」と思うとなかなか重い腰が上げられず、いつもより寝る時間が遅くなってしまった……という経験がある人もいるのではないでしょうか。

つまり、忙しい日々を過ごしている人こそ、**あえて「制約のある朝を選ぶ」ほうが理にかなっている**のです。

朝の「自分時間」に何をするかについては、その人のライフステージや価値観によっても変わってくるので、Part3で詳しく説明していきます。

ここではまず、「自分時間」は「制約のある朝」にする。これが基本的な考え方になります。

朝の「自分時間」の付加価値とは

「ごきげん方程式」が生み出すメリット（短期）

早寝早起き＋自分時間。この「ごきげん方程式」には、ほかにもさまざまなメリット（付加価値）があります。

まず短期的なメリットとしては、**その日のパフォーマンスが劇的にあがる**ということがあります。

睡眠不足で頭が冴えない中で家事や仕事をしていると、当然ながらパフォーマンスは悪くなります。

ところが、睡眠が十分にとれた状態で、朝の「自分時間」からその日をスタートすると、家事や仕事が本格的に始まる頃には頭も冴えています。さらに自分のやりたいこと（やるべきこと）を朝のうちに終わらせているので、気持ちに余裕をもって過ごすことができます。

「忙しい、忙しい」と思いながら1日を過ごすのと、「今日やりたかったことは終わっているから大丈夫」と思いながら1日を過ごすのとでは、24時間のあり方も変わってくるのです。

また、生活の面に着目すると、**ストレス回避**というメリットがあります。

Part3で詳しく説明しますが、「自分時間」の使い方には、大きく「目的系」と「生活系」の2つのタイプがあります。前者は仕事や自己実現のため、後者は日々の生活をよりよくするために時間を使うという考え方です。

忙しい毎日の生活の中で、掃除や料理、洗濯といった家事を帰宅してからすべてこなそうとすると、心身ともに相当な負荷がかかります。ただでさえ疲れているのに、このあと家で待ち受けている家事のあれこれを考えるだけでもストレスになりますよね。

その点、朝の「自分時間」を使って少しでも帰宅後の家事の負担を減らすことができていれば、仕事帰りの心持ちも変わるのではないでしょうか。

育児をしている人であれば、子どもが起きている時間にはなかなかできないことを、この1時間で解消するという選択肢もあるでしょう。

これが「生活系」の時間の使い方をするという考え方です。

「ごきげん方程式」が生み出すメリット（中長期）

中長期的なメリットとしては、「朝1時間」が1か月、1年と積み上がっていくにつれて、大きな差が生まれるということがあります。

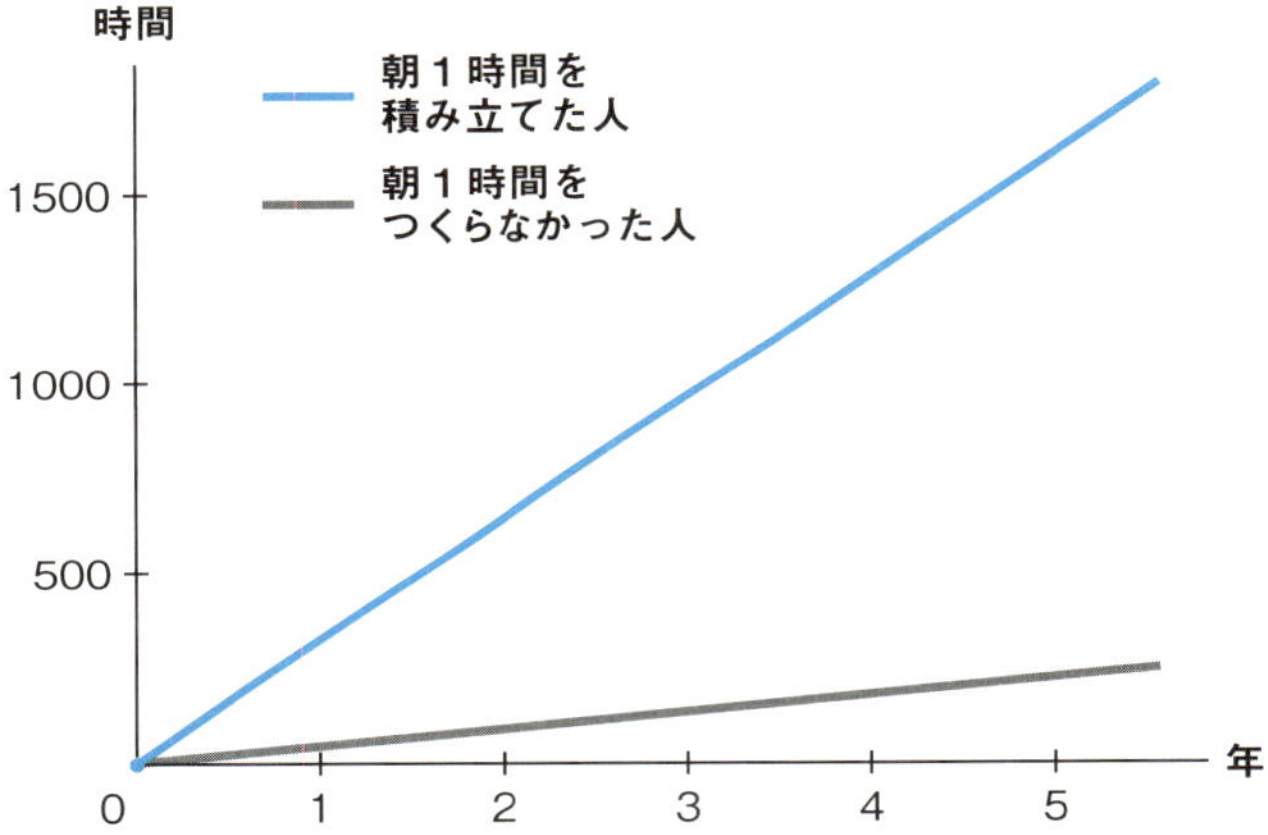

これは、とくに「目的系」の時間の使い方をしたい人に伝えたいポイントです。

お金の積立投資では、元本と運用益をあわせた金額に毎年利息がつくので、運用期間が長くなればなるほど利益の幅が大きくなっていきます。**朝の「自分時間」を積み上げると、この積立投資と同じように複利的な効果が生まれる**のです。

毎日の「朝1時間」は、1か月で30時間、年間で360時間になります。

もっといえば、「朝2時間」なら1か月で60時間、1年で720時間です。

趣味や勉強にかける「自分時間」をこれだけ継続的に積み上げていくと、自分のなりたい姿に向かう確度が高まっていきます。

「自分時間」がない人は、その確度がずっと低いままで、なかなか自分のなりたい姿に至りません。

つまり、「自分時間」があるかないかで、両者の差はどんどん開いていくことになります。その差は短期的ながんばりでは埋められません。

よく、「時間があったらできたのに」というフレーズを言い訳に使う人がいますが、時間があったらやりたいことは、早起きによって時間を生み出すことで実現できるのです。

「ごきげん方程式」が生み出すメリット（その他）

ほかにもメリット（付加価値）はまだまだあります。あと4つほどご紹介しましょう。

●自己効力感が高まる

自分の意思で早起きして、やりたいことを終わらせる。すると、「朝7時にはすでにやりたかったことが1つ終わっている」「まだ1日がこんなに残っている」というハッピーなモードになります。

●お金が貯まりやすくなる

夜だらだらとスマホをいじっていて、ついネットショッピングで必要のないものを買ってしまう。飲み会に行くと、2次会、3次会……と際限なく飲み続ける。

夜型の生活をしていると起こりがちなことも、夜時間よりも朝時間を優先した生活をしていれば回避できます。

つまり、無駄づかいが減ってお金が貯まりやすくなります。

人間関係がよくなる

「ごきげん」や「ふきげん」は周りにも波及します。あなたが「ごきげん」でいると、周りの人にも「ごきげん」がうつるので、職場や家庭の雰囲気が明るくなります。

また、早寝早起きが習慣になると、余計な飲み会に行かなくなります（飲み会の考え方はPart5で説明します）。人間関係のトラブルは、だいたい夜のつきあいで起こるものです。

家族との時間が増える

昭和のサラリーマンのように朝から晩まで仕事をし、夜は会食続き……という生活では、家族との時間は減る一方です。子どもが起きている時間に帰れない、朝はろくに会話もせず家を出るといった生活になりかねません。

朝は夜よりも家族全員が家にいることが多いです。つまり、朝ご飯は家族で時間を共有するチャンス。早起きして、先に自分のやりたいことをすませて、それからみんなで朝ご飯を食べる生活になれば、最低でも1日1回、家族と向き合う時間がつくれます。

いかがでしょうか。

私が「自分時間」を朝に設定している理由に、少しでも納得いただけたら嬉しいです。

次章では、この「自分時間」を作り出すために避けて通れない「早起き」の効力について、説明していきたいと思います。

Part 2

「早起き」で1日を「○《マル》」からスタートさせよう

早起きは1日の最初にして最強の「意思決定」

早起きで人生観は変えられる？

早起きというのは、その日最初の意思決定です。

仕事でも家庭でもそうですが、じつは自分で意思決定できることというのはそれほど多くありません。

そんなか、**早起きをするかどうかに関しては、だれにも邪魔されることなく自分で決められることであり、その日最初にできること**です。

朝、時間どおりに布団から出るという意思決定ができるか？　それとも、もう少し寝たいと二度寝してしまうのか？

だいたいの人は、二度寝の誘惑に負けてしまうのではないでしょうか。

私は、「早起き」という意思決定ができると、人生観を変えるほどのインパクトが得られると考えています。

通常、人生観が変わるようなできごとというのは、転職や結婚、出産、家の購入などのライフイベントで起こることが多いです。

ライフステージの節目で大きな意思決定を迫られると、自分を見つめ直したり、生活を見直したりするきっかけになるからです。

しかし、大きなライフイベントというのは、そう頻繁に訪れるものではありません。それほど大きな経験をしなくても、早起きをするだけで人生観は変えられると思うのです。

人生を変える3つの方法

経営コンサルタントとして世界的に活躍する大前研一《おおまえけんいち》さんは、「人間が変わる方法は3つしかない」と言っています。

❶時間配分を変える
❷住む場所を変える
❸つきあう人を変える

私は、**これら3つのことはすべて「早起き」で実現できる**のではないかと思っています。

早起きによって、生活が夜型から朝型になると、当然1日の時間配分が変わります。これが❶です。

夜の19時から24時に行動するのと、朝の5時から10時に行動するのでは、利用する場所も変わります。おそらく、居酒屋などから、朝のモーニングができるカフェへと変わっていくのではないでしょうか。これが❷です。

あなたの訪れる場所が変わっても、周りはこれまでどおりの生活をしています。つまり、夜の居酒屋から朝のカフェに居場所が変われば、そこで交流できる人の顔ぶれも変わります。これが❸です。

さらにいえば、お酒の席では仲間同士で愚痴を言い合っていた人も、朝からネガティブな話をしたいと思う人はあまりいないでしょう。そこには自然とポジティブな会話が生まれます。

このように、早起きには人生を変えるようなTips（コツ）がつまっていると思うのです。

ライフイベントである転職や結婚、出産というのは、他者がいないとできないことです。当然、機会も限定されます。

また、お金や時間がかかるため、そのぶんリスクや不安もつきまとうでしょう。

ところが、早起きは自分ひとりでやることなので、他者に依存することがありません。ライフステージを変える必要はないし、お金を心配する必要もありません。

明日の朝からでも、人生を変えるきっかけをつくることができるのです。

「早起き」は参加条件フリーの行動

たとえば世界一周旅行に行きたいと思っても、実際に行けるのは、まとまったお金がある人と、長期休暇がとれる人だけです。

このように、何かやりたいことがあっても、いつもそれが叶うとは限りません。どんなものにも参加条件があります。

持っているお金や時間、さらに内容によっては学歴、職業、家柄、年齢、性別、住んでいる場所などなど、さまざまな条件をクリアしなければいけません。

ところが、たった1つだけ参加条件フリーのものがあります。

それが、「起きる」という行為です。

「起きる」は、全人類が毎日必ずすることです。「早起き」はだれもが平等に参加権をもっていて、すべての人にその扉は開かれています。

早起きをするか、しないか。それだけです。

しかも、「起きる」という行為には「しない」という例外がありません。

たとえばジムに通うことについては、「私は時間がないからできません」という言い訳ができますが、早起きには、こうした言い訳は通用しません。

「今日は雨が降っているからやめよう」とか、「疲れているからしばらく休みたいな」とか、そういった選択肢がそもそもありません。

病気などの特別な状況を除いては、生きている限り「起きる」という行為に例外はないのです。

だれもが参加できて、例外がないこと。それが「早起き」です。

そういう意味でも、早起きは1日の最初にして「最強の」意思決定だと思うのです。

「早起き」を「自分との約束」にする

「朝起きられた！」で1日を「〇」からスタートする

私の人生において、「自分との約束を守れるか」は常に意識していることで、優先順位の高い考え方です。

だから、自分との約束が守れなかったときは心がすさんでしまいます。反対に、自分との約束が守れたときはポジティブな気持ちになります。

なかでも、もっとも重視しているのが、早起きです。

自分との約束を守れたら「〇《マル》」、守れなかったら「×《バツ》」をつけていくとすると、「毎朝早く起きる」という「自分との約束」を守ることは、1日の最初の行動に「〇」

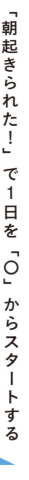

がつくことになります。これにより、私はいつもポジティブな気持ちになっています。

「自分との約束」には、ほかに何があるでしょうか？

たとえば、仕事で「営業成績でトップになる」と目標を決めたとします。

しかし仕事においては、スキルが足りなかったり、努力したけど実にならなかったり、相手との相性が悪かったりということが起きやすく、すぐには目標を達成することができません。

また、仕事の成果が数字で表れるのはたいてい半期（6か月）ごと。目標を半期ごとに設定し、その成果を振り返り、評価するというのが一般的な人事評価です。

つまり、いま取り組んでいる仕事の結果がでるまでには数か月のタイムラグがあることになります。すぐには成果がわかりません。

ほかに「3キロ痩せる」「英語を勉強する」などの「自分との約束」もありますが、残業があったり、友達の誘いが入って後回しになったり、外的要因に影響されやすいのが難点です。

その点、**早起きはすぐに結果がわかるし、外的要因にも左右されません。**

だから、「自分との約束」にするものとして、早起きはもっとも理想的なのです。

毎日「○」がつくと自分の「信頼残高」が貯まる

だれに言われたわけではないけれど、早起きを「自分との約束」にする。そして、自分が決めた時間に早寝して、自分が決めた時間に早起きをする。

これだけで「自分との約束を守ることができた」という達成感が得られます。

毎日「自分との約束」を達成して「○」をつけていくと、自分への信頼感が高まっていきます。私はこれを**「信頼残高が貯まる」**と表現しています。

信頼というと、他者からの信頼を得ることに必死になりがちです。

でも、他者からの信頼を得ることに一生懸命になるあまり、疲弊して、心が折れてしまう人がいます。そうしたストレスを解消するため、ネットショッピングで不要な買い物をしたり、お酒を飲んで忘れるという行動に走りがちです。

これでは時間とお金の浪費でしかありません。

すでにお話ししたとおり、大切にすべきは「1に自分、2に家族、3に仕事」です。

まず自分の信頼残高を貯めて、自分が整った状態にします。それから他者と関わるべきなのです。

まずは早起きで「〇」をつけて、自分に対する信頼残高を着実に増やしていきましょう。

「自分との約束」を守ることで得られる朝の時間は、ギフトです。

もともとなかったものと考えると5分でもありがたいですが、1時間もあれば、それはまさにボーナスタイムです。

ほとんどの人はボーナスタイムのない生き方をしています。せっかく獲得したボーナスタイムですから、贅沢《ぜいたく》に使ってみるのもいいと思います。

毎日続けていくためには、早起きができた自分に対して、ごほうびをつくることも大切です。ちなみに私は毎週日曜の朝、2時間のボーナスタイムで映画を1本観る贅沢を味わっています。

早起きを続けるコツについては、第2部でご紹介します。

最初に「〇」がつくと行動の選択肢が増える

早起きで行動の「〇」が連鎖する

「自分との約束」を果たせた場合を「〇」、果たせなかった場合を「×」と考えると、1日の最初の約束、つまり**「早起き」に「〇」がつくかどうかで、その後の「選択肢の幅」は大きく変わっていきます。**

選択肢が多い状態というのは、人間にとってとても豊かなことだと思います。

たとえば、早起きができると、朝の時間に余裕が生まれます。この時間を使って何をするかは、読書や散歩、掃除、料理など、たくさんの選択肢を考えることができます。

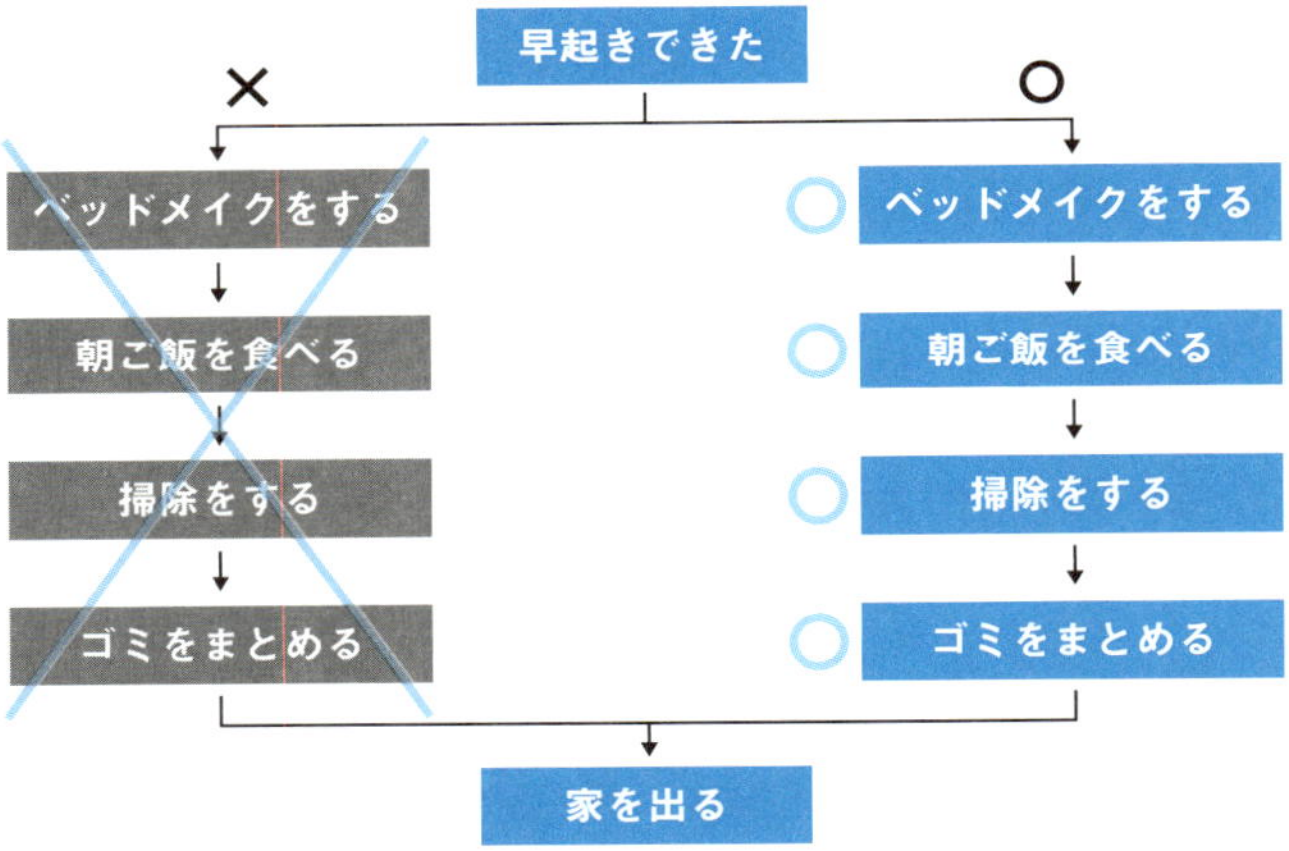

1日の最初の行動（＝早起き）に「○」をつけると、そのあとも自動的にうまくいく流れができます。

水を飲む、顔を洗う、着替える、掃除をする、本を読む、朝ご飯を食べる……。朝やろうとしていたこと、やりたかったことに次々と「○」がつくので、気持ちがポジティブになります。

反対に、二度寝してしまったことにより最初に「×」がつくと、起きた瞬間からこれらの選択肢が失われます。時間に余裕がないので、顔を洗わない、朝食を食べない、電車に遅れる……などと、すべてが後手後手になっていきます。負のスパイラルに陥ってしまい、気持ちはネガティブになっていきます。

1日の中で、ほかにも「自分との約束」をたくさん課している人もいるかもしれませんが、じつは、どんな約束よりも大事にすべきポイントは、「早起き」という「自分との約束」を「〇」にすることなのです。

「自分との約束」は「早起き」だけでいいと言ってもよいでしょう。

起きさえすれば、あとは好きに過ごせばいい

この最初にして最重要な「自分との約束」が守れたら、その後はどんな選択をしてもいいのです。

私は朝の5時に起きていますが、その時間はまだ家族も寝ていて、仕事の連絡も

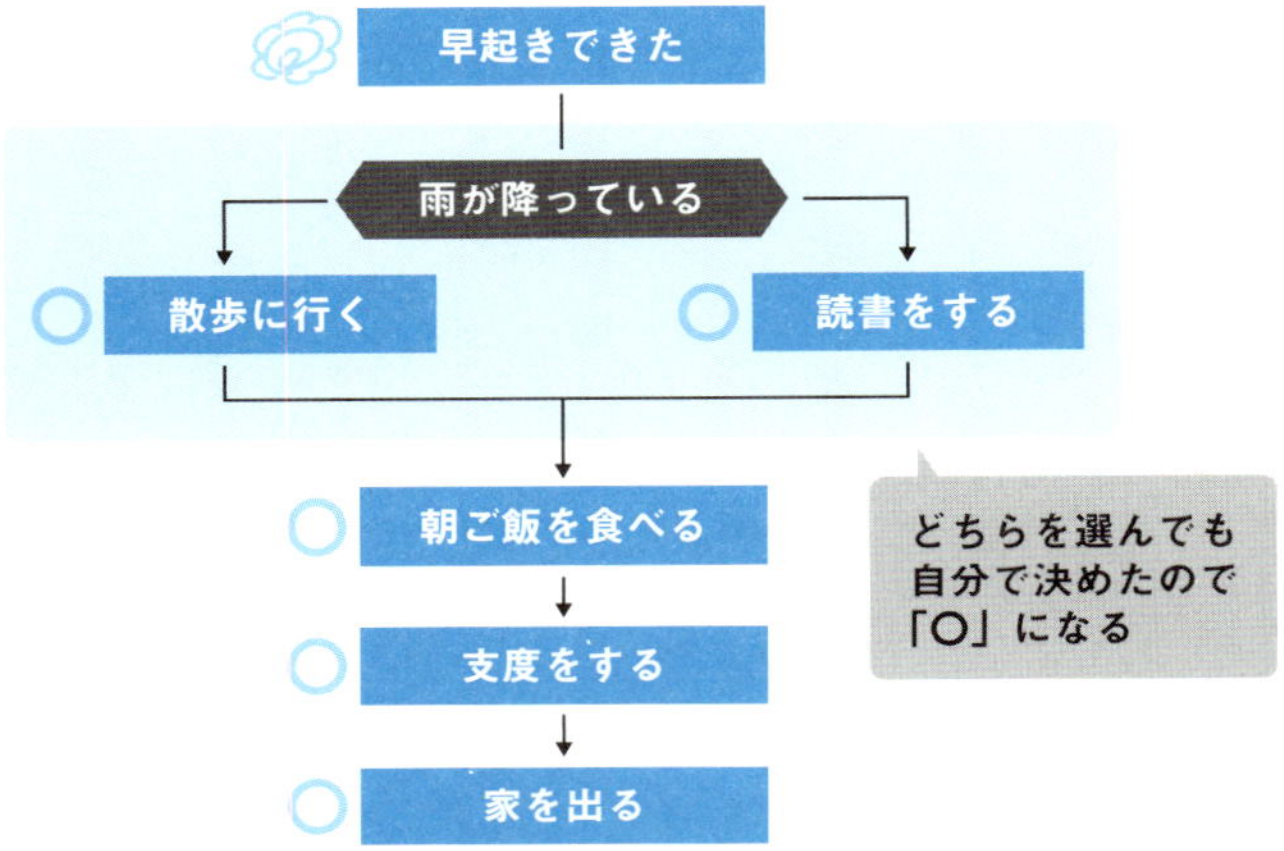

入ってきません。他人のレールに巻き込まれる心配がないので、どんな行動をとっても、「×」になる要素がほぼないといえます。

朝起きてもしも雨が降っていたら散歩には行けませんが、「それなら今日は読書にしよう」と自分で選択し直すことができます。

ここで「雨が降っているから二度寝しよう」では、そもそも「起きる」という約束が守れていないので「×」ですが、「散歩に行こうと思っていたけど、雨が降っていたから読書にしよう」

と考えるのであれば、いちばん重要な「起きる」という約束が果たされているのでどんな行動をとっても「〇」になります。

内容ではなく、「自分で選ぶ」という行為が大切です。

自分が選んで行動した以上は、自分で時間の使い方を決めたことになります。それが「朝ご飯を食べる」であろうと、「読書をする」であろうと、「〇」なのです。

早起きでストレスにも強くなる

朝のポジティブな行動が日中の行動にも波及する

早起きで「○」がつくと、朝の時間だけでなく日中の行動にも「○」がつきやすくなります。

朝からポジティブな気持ちになっているかどうかは、オフィスでその人の顔を見ればわかります。

余裕のあるいい顔をしている人には、仕事の相談もしやすくなります。このような人には仕事のチャンスがどんどんめぐってきます。

対して朝から余裕がなく、辛そうな顔をしている人には、仕事をお願いしたところで「明日締め切りでパツパツなんで」と言われそうです。見るからに断るモードになっている人のところには、仕事の依頼はしづらくなります。

早起きによって、仕事の幅も広がっていくということです。

ところで、ストレス要因の数というのは、人によって違うのではなく、じつは同じだと思っています。

でも実際には、いつもストレスを感じている人もいれば、あまりストレスを感じていない人もいます。「予定外のミーティングが入る」という同じ事象に対して、焦っている人もいれば、まったく焦らず余裕のある人もいます。

結局、その人がどう感じるかなのです。

ストレス要因というボールの数は同じだけ飛んできますが、それをストレスと感じるかどうかは、早起きに「○」をつけることで変えることができます。

たとえば「最近ちょっと仕事が立て込んでいるな」と思っているなら、朝の「自分時間」を使って重要な仕事を1つ終わらせておくのもいいでしょう。いつもより早く出勤して、集中して仕事を進めておくという選択もできます。

どちらも、早起きができていなければ得られない選択肢です。

これにより、日中に心の余裕が生まれ、急に「ミーティングに出てくれませんか」と言われたところで、動じないメンタルが手に入るのです。

「明日の自分に期待できる」は強い

また、早起きが習慣化されてくると、「明日の自分に期待できる」ことによってストレスを回避することができます。

たとえば、仕事が残っているときに、「明日もいつもどおり6時に起きれば1時間は時間がとれるから、今日は潔くやめよう」と判断することができます。

子どもが学校から持って帰ってきたプリントの提出期限が明日だったとしても、「なんで今頃出してくるの！」と焦るのではなく、「朝食の支度前に時間があるから、そこで記入するか」と、考えられるようになります。

ほとんどの人は、早起きできるかどうか自信がないので、その日のうちになんとかするしかありません。だから無理して深夜まで残業したり、眠い中プリントに必要事項を記入したりすることになるのです。

ただ、そのときのパフォーマンスが高いかといわれたら、かなり怪しいものがありますよね。

考えてみると、**明日の自分に期待できることによって回避できるストレスは結構あるのです。**

これは早起きができる人の特権です。

早起きの高揚感は「世界一周旅行」の高揚感と同じ？

世界一周旅行の醍醐味とは？

「早起き」で1日を「〇」からスタートすると、ポジティブな気持ちになり、心に余裕が生まれ、ストレスにも強くなります。これを毎日続けていくと、自分の内面を揺さぶるような大きな変化を感じることがあります。

あなたは世界一周旅行に行ってみたいですか？　できることなら、一度は行ってみたいと思う人は少なくないでしょう。

でも、なぜ世界一周旅行なのでしょう？　世界一周旅行の醍醐味とはなんでしょうか？

世界一周旅行では、ふだん見ないものを見て、ふだんとは違うことを感じます。

「日常」から離れ、「非日常」を過ごす中で、自分との時間が増えます。

この自分との時間で内省することで、人生観が変わったり、ほんとうにやりたかったことを見つけて旅から帰ってきます。

これが世界一周旅行の醍醐味だと思います。

ただ、世界一周旅行に行くには、何百万円という予算がかかります。仕事を長期間休む必要もあります。あるいは仕事をリタイアし、それから旅行を計画するなど、まとまった時間をつくる必要もあります。

世界一周旅行は、お金と時間、場合によってはキャリアにも大きな負担がかかります。

ところが、そこまで負担をかけなくても、世界一周旅行と同じ高揚感を得る方法があります。

それが「早起き」です。

なぜかというと、**早起きは毎朝、世界一周旅行と同じような「非日常」をつくりだす効果がある**からです。

「非日常」は「日常」の中でもつくり出せる

想像してみてください。

早起きをして、朝1時間の「自分時間」をつくります。それは、だれともつながらない時間です。SNSやLINEからの通知がなく、だれかの相手をする必要のない時間です。

その1時間で、自分がほんとうにやりたいこと、やってみたかったことを選んで行動します。

「今日は読書しよう」「今日はランニングしよう」「今日は○○さんとカフェでモー

ニングを食べよう」などと、いろいろとトライして点を打っていきます。その点が100個、1000個と増えていくと、点が線になります。

すると、「やっぱり自分は読書が好きなんだな」「自分はこういう時間にいつもこういうことを考えてるな」などの気づきが得られます。

そうして、自分がほんとうにやりたかったことが見えてきて、さらには自分の価値観や人生観の輪郭がクリアになっていきます。

これは**世界一周旅行に行ったときに得られる感覚に近い**ものではないでしょうか。

高いお金を払って、1か月ほど仕事を休んで、日常から離れたところに行かなくても、同じ感覚が早起きによって得られるのです。

多くの人は、朝起きて、慌てて会社に行って、目の前の仕事を必死にこなして、疲れて寝る、ということを繰り返していて、内省する時間というものがありません。

忙しい日々のルーティンの中で暮らしていて、点すら打てません。

それに対し、**早起きによって生まれた「自分時間」があれば、忙しい毎日の中でもたくさんの点を打ち、線への軌跡をつくっていくことは可能**だと思います。

「早起き」で1日を「〇」からスタートする。

これを続けていくことによって、世界一周旅行に行ったときに感じるような「非日常」を手に入れることができます。

この「非日常」は、自分の価値観や人生観に新しい気付きを与え、その後の人生に大きな影響を及ぼすかもしれません。

そうなると、「たかが早起き」「たかが朝の1時間」と軽んじることはできなくなると思います。ぜひみなさんにもこの感覚を味わっていただきたいです。

それではいよいよ、次の第2部では、1日の充実度を上げる、もっといえば人生の充実度を上げるために必要不可欠な「朝時間」を手に入れるための、具体的な方法について説明していきます。

第2部

毎日の
充実度を上げる
「朝時間」の使い方

Part 3

朝の「自分時間」に何をするのか

なんのために早起きするのか

早起きは続かなければ意味がない

ここからは、無理なく、できるだけがんばらずに早起きをするための実践方法をご紹介します。

早起きをするには「理想の時間割」を組み立てることが肝になるのですが、その前にまずは、**早起きをして何をしたいのか**を考えてみましょう。

極端なことを言えば、とくにやりたいこともなく、すでに毎日を「ごきげん」で過ごせている人は、早起きなんてしなくてもいいのです。

でも、この本を手にとってくださった方はきっと、「毎日をもっとよくしたい」「自分を変えたい」という思いがあると思います。

それならば、あなたの毎日をもっとよくするために、「なんのために早起きをするのか？」はまず最初に考えてほしいことです。


早起きはあくまで「手段」。2、3日ならうまくいくかもしれませんが、**早起きによって自分が何をしたいのかがわかっていなければ、いずれもとの生活に戻ってしまう**でしょう。

「ごきげんな1日」がこの先ずっと続くように、自分は朝の「自分時間」に何をしたら「ごきげん」な状態でいられるのか？　を具体的にイメージしておきましょう。

「目的系」と「生活系」

では、改めて問います。

あなたは早起きをして手に入れた、朝の「自分時間」で何をしたいですか？

- 散歩がしたい
- ランニングをしたい
- ストレッチをしたい
- シャワーを浴びたい
- お弁当をつくりたい
- 夕食の仕込みをしたい
- 英語学習をしたい
- 資格の勉強をしたい
- 掃除がしたい
- 洗濯をしたい
- 読書がしたい
- 仕事をしたい

さまざまな希望が浮かぶと思います。

今挙げた例はほんの一部ですが、これらは大きく**「目的系」**と**「生活系」**の2つに分類されます。

「目的系」は、朝の「自分時間」を使って目的の達成を目指すものです。先ほどの例でいうと、ランニング、英語学習、資格の勉強、読書、仕事などが当てはまります。

「生活系」は、生活や自分の心身のメンテナンスにかかわるものです。散歩、ストレッチ、シャワー、料理、掃除、洗濯などがあります。

考えるときは、「目的系」のみでもかまいませんし、「生活系」のみでもかまいません。1つに絞らず、「目的系」と「生活系」を組み合わせてもいいです。

早起きに苦手意識があったり、初めて取り組むという人は、まずは朝の「自分時間」を「1時間」とするところからはじめてみましょう。

「1時間」をおすすめする理由は、1時間あれば1つのことにじっくり取り組むこともできるし、2～3つのことを組み合わせることもできるからです。

その1時間で何をするのか？ まずは思いつくままに考えてみます。

そのうえで、自分のやりたいことが「目的系」と「生活系」のどちらにあてはまるのかを考えてみましょう。

「目的系」＝朝の「自分時間」は自己実現の準備期間

朝1時間×3年でプロフェッショナルの入り口に立てる

自分が「目的系」なのか「生活系」なのか、どちらの時間の使い方をしたいのかがわからないという人向けに、いくつか考えるヒントをご紹介しましょう。

すでにお話ししたように、毎朝1時間を積み重ねていくと、月で30時間になり、年間で360時間になります。

年間360時間あったら、あなたは何をしたいですか？

360時間というのは、日数にすると15日分。半月ほどの時間にあたります。半月という時間があったら、かなりいろいろなことができると思います。

フロリダ州立大学のエリクソン博士は、ある法則を唱えました。

どんな素人でも修行や研鑽《けんさん》に1万時間かけたらプロフェッショナルになれるという**「1万時間の法則」**です。

1万時間というのは、気の遠くなるような時間ですよね。

1万時間とまでいかなくても、あることに対して1000時間かけたとしましょう。1000時間で、プロフェッショナルの入り口、上位10％には入れるのではないでしょうか。

ナンバー1をめざすのなら1万時間が必要かもしれませんが、**上位10％のクオリティをめざすのであれば、1000時間で十分**だと思います。

1000時間というのは、年間360時間の約3年分です。

たとえば「ごきげん方程式」にしたがい、必要な睡眠時間をとって、早起きをして、朝1時間を勉強に充てたとします。

それ以外の生活はまったく変える必要はありません。家族や仕事を犠牲にすることもありません。

でも、これを3年間続けると、あなたの知識レベルはプロフェッショナルの入り口にたどりついているということです。

結局、「コツコツ積み上げる」が最強

最近は「コスパよく」「タイパよく」というのが流行りで、無駄や失敗を避けて生きることが主流になっていますが、実際には、そんなに簡単に成果がでる裏技はありません。

自分で朝のルーティンをつくってコツコツ継続していくことが、目標を達成するためのいちばんの近道なのです。

朝1時間を丸ごと投資するのもありですが、1時間のうち、30分、あるいは15分だけをその目的のために費やしてもよいでしょう。

たとえば英語学習のために月15時間を確保したいと考えるなら、1日に換算すると30分です。1日30分で十分目標が達成できるなら、残りの30分は趣味に使ったり、ほかの目標のために使えばいいのです。

一度にまとまった時間を確保することは難しくても、朝の1時間、もっといえばそのうちの何割かだけでも使うことができれば、日々の積み重ねによって目標に近づくことができます。

もし今、あなたが何者かになりたいと思っていたり、時間をかけて達成したい目標があるなら、朝の1時間をその準備の時間に充てるというのも1つの方法です。

「生活系」＝朝の「自分時間」で日々のもやもやを解消する

身近なところから改善しよう

「英語を勉強したい」「資格の勉強をしたい」「仕事をしたい」「ランニングをして健康になりたい」——明確な目標が思いつく人ならよいですが、なかには具体的にやりたいことが思いつかないという人もいるはずです。

目的が思いつかないなら、早起きはしないほうがいいのでしょうか？

そんなことはありません。

明確な目的がなくても、早起きをしたいと思う気持ちがあるのなら、やってみたほうがいいです。

とくに今、なんだかもやもやして、ストレスを感じている。どうしたらいいのかわからないけれど、現況を変えたいと思っている人にはおすすめです。

ただし、ここでも「なんのために」という点は意識しておく必要があります。

そこで、こんなふうに考えてみるのはどうでしょうか。

もやもやを解消するために、早起きをする。

この場合、まずは身の回りのことに目を向けてみましょう。

たとえば、部屋が片付いていない、キッチンに洗い物が残っている、洗濯物がたまっている……という状態だったとします。

家事がたまっていて、身の回りの環境が整っていない状況は、だれもがストレスに感じると思います。これが、もやもやの一因になっていることがあります。

そこで、朝の1時間はこのもやもやを解消する時間にします。部屋の掃除をしたり、料理をしたり、洗濯をしたりと、身の回りを整える時間にしてみるのです。
つまり、「生活系」の時間の使い方を選択することになります。

どちらか片方を選ぶなら「生活系」がおすすめ

朝の「自分時間」の使い方を図式化すると、「ピラミッド構造」になります。

「生活系」がベースにあって、その上に「目的系」が重なっているイメージです。

「生活系」と「目的系」のどちらかで迷っているなら、まずは「生活系」の時間の使い方から考えてみることをおすすめします。

なぜなら、身の回りの環境が整っていると、気持ちがすっきりして前向きになるからです。それだけで「ごきげん」に1日をスタートすることができます。

一方、生活の土台を整えないまま何か目標を掲げても、必ずしも「ごきげん」に

目的系
時間を積み上げて
目標の達成を目指す
生活系
生活を整えたり、
自分をメンテナンスする

なるとは限りません。

がんばって資格試験の勉強を続けていても、片手間に食事をとるような余裕のない生活をしていたり、子育てをパートナーに押し付けていたとしたら、家の中は「ごきげん」な状態にはならないでしょう。

生活や家族というベースが充実していないと、ほんとうの幸せとはいいがたいのです。

早起きの目的が見つからないという人は、朝の1時間を生活を整える時間にしてみるのはいかがでしょうか？

自分が「できていなかったらイヤだと思うもの」からはじめてみる

「ごきげん」のために何をする？

まだ具体的な内容が思いつかないという人のために、もう1つ考えるヒントをお伝えしましょう。

それは、自分が「できていなかったらイヤだと思うもの」からはじめてみることです。

たとえば、私が「できていなかったらイヤだと思うもの」には次の5つがあります。

❶運動ができていない
❷インプットが足りていない
❸仕事ばかりで余裕がない
❹食事に気を遣えていない
❺家の中が片付いていない

そこで、朝の「自分時間」で次の5つを行うことにしました。

❶運動ができていない→散歩をして、体を動かす
❷インプットが足りていない→読書をして、新しい考え方を取り入れる
❸仕事ばかりで余裕がない
→日記をつけたり、瞑想をして、自分を見つめる
❹食事に気を遣えていない→料理をして、健康的な食事をする
❺家の中が片付いていない→掃除をして、部屋を快適にする

私は、朝5時に起きて7時までの2時間を「自分時間」としています。

この2時間のうち、最初の1時間を「生活系」にして、この5つを10〜15分ずつで順番にこなしていきます。掃除をして、散歩して、料理して、瞑想して、読書して、だいたい1時間です。これで1日の「ごきげん」の土台をつくっています。

残りの1時間は「目的系」にして、仕事や趣味の時間にしています。

この5つは私にとって「ごきげん」の必要十分条件です。朝のうちにこの5つが達成されていると、1日を「ごきげん」で過ごすことができます。

反対に言うと、この5つができているのに「ごきげんじゃない」という状態は想像できません。

適度な運動ができていて、新しい学びがあって、自分を見つめ直す時間があって、美味しい食事を用意して、部屋が片付いていたら、それほど不満はたまりません。

「ちょっと多いな」と思ったかもしれませんが、**まずはとくに優先したいことを1つ選んで、朝時間に終わらせてみてください**。生活に慣れてきたら少しずつ増やしていきます。

たとえば「できていなかったらいちばんイヤだと思うもの」が、お弁当作りだとしたら、まずは朝1時間をお弁当作りの時間にします。最初は1時間かかっていたものが、慣れてくると45分、30分と、少しずつ短い時間でつくれるようになります。そうしたら、余った時間を運動の時間にしたり、仕事や勉強の時間に充てていく、という考え方です。

朝の「自分時間」は1日を制するための準備運動

朝の「自分時間」は1日を制するための準備運動のようなものです。

まだほかの人たちが寝ている時間に、自分だけはやりたいことを終わらせていると、プチ爽快感を味わえると思います。

もしもこれらをすべて夜にやろうとしたら、どうでしょうか？

想像してみてください。

1日中仕事や子育てをがんばったあとは、「体力ゼロ」の状態です。この疲れた状態で掃除や料理、運動をやるというのは、だれだってきついと思います。

Part1でも述べたように、夜は時間が無限にある感覚になることも問題です。

朝は「7時半に家を出る」などと時間のリミットが明確に決まっていますが、夜はそのような制限がありません。夜更かししようと思ったら、いくらでもできてしまいます。

時間が無限にあるように錯覚することで、たとえば「朝10分」と決めていた掃除が、夜にやろうとすると掃除の範囲がどんどん広がってしまい、1時間の大掃除になってしまった、なんてことになりかねません。

24時間の中でいちばん大事な時間＝朝の「自分時間」とすることで、1日を制しましょう。

朝できたことは夜にごほうびとして返ってくる

朝の「自分時間」にやったことは、夜の自分に「ごきげん」として返ってきます。

夜家に帰ったとき、夕食の下準備ができているとしたらどうでしょうか。体は疲れていても、きっとそれほどストレスなく夕食の支度にとりかかれそうです。

掃除ができていないことにストレスを感じる人であれば、朝家を出る前に掃除を終わらせておくことで、家に帰ってきて散らかった部屋を見てため息をつく……ということが避けられます。

運動できないとイヤだなと思う人なら、朝のうちに運動をすませていれば、夜友人から急なお誘いがあっても、運動と飲み会を天秤にかけて迷ったり、「今日もサボッちゃったな」と後悔したりすることがなくなります。

そのような意味では、**「体力ゼロの状態で家に帰ってきたとき、すでに終わっていたら嬉しいもの」を選択の基準にしてもよい**と思います。

学生時代のテスト勉強ならば、徹夜してなんとかなったかもしれませんが、私たち大人がやっていることは、「その日だけがんばればいい」「この1週間だけがんばればいい」というゲームではありません。

まずは朝時間で何をするのか。これを明確にしておくことで、早起きを続ける意味付けをしましょう。

内容は何でもいいのです。**「これができたら『ごきげん』になれるな」と思うものを選ぶこと。**

こうして「ごきげん」のベースをつくり、中長期的に心身の健康を整え、日々のパフォーマンスを高めていくという考え方が大切になります。

やってみよう
STEP
1

朝の「自分時間」に何をしたいか考える

Q1 まずは思いつくものを書き出してみよう

目的系

**時間を積み上げて
目標の達成を目指す**

考えるポイント

- ✓ できるだけ具体的な数値を設定しておこう
(例:1日〇ページ、月に△時間など)

例)月に5冊本を読みたい

生活系

**生活を整えたり、
自分をメンテナンスする**

考えるポイント

- ✓ 日々のもやもやの原因は何?
- ✓ 帰宅したときに終わっていたら嬉しいものは?

例)お弁当を作りたい

Q2 自分時間にどう割り振る?

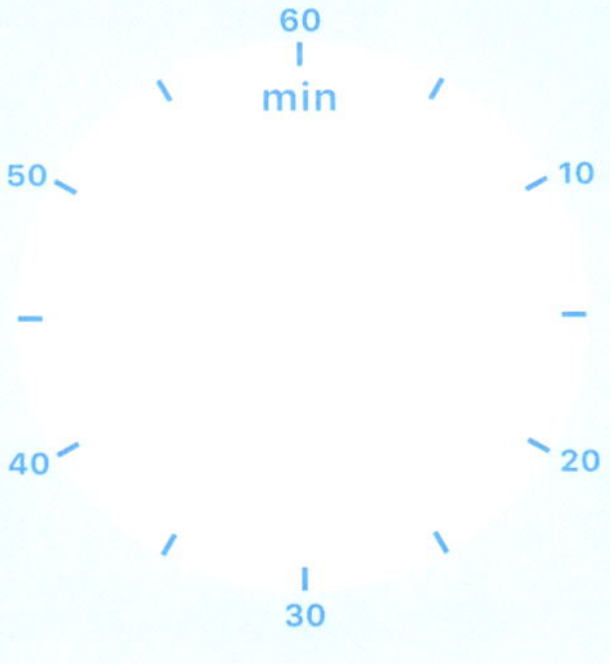

記入例

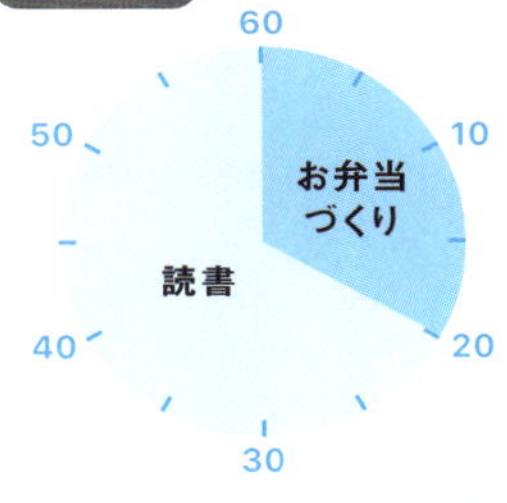

Part 4

「時間割」にして考える

こんな生活していませんか？

夜型と朝型の時間の使い方のちがい

深夜1時に寝て、朝は8時に起床。家を出る時間まで30分しかないので、朝食を食べる時間もなく出勤。9時から仕事を開始するものの、午前中は眠いので効率が上がらず、夕方は定時を過ぎても残業。会社の同僚と飲みに行って、夜23時に帰宅。だらだらSNSを見ながら過ごし、また1時に寝る……。

このような「夜型」の生活では、明日の朝もとうてい早く起きるのは難しいでしょう。

では、これを「朝型」の生活に変えると、どうなるでしょうか？

夜の23時に寝て、朝6時に起床。1時間の「自分時間」を過ごし、しっかり朝食を食べてから出勤。睡眠がしっかりとれているので脳も体も活発に活動し、午前中からパフォーマンスがあがって定時に仕事が終わります。飲み会はパスして18時半に帰宅。23時に寝る……。

じつは、今挙げた「夜型」と「朝型」の生活において、睡眠時間は7時間で変わりません。また、想定している出勤時間や通勤時間も同じです。

ちがいは「夜」の部分。「夜型」の残業と飲み会、ＳＮＳをだらだら見ている時間をなくし、その時間を朝に移動して「自分時間」にできれば、「朝型」の生活になります。

夜型の人の時間の使い方

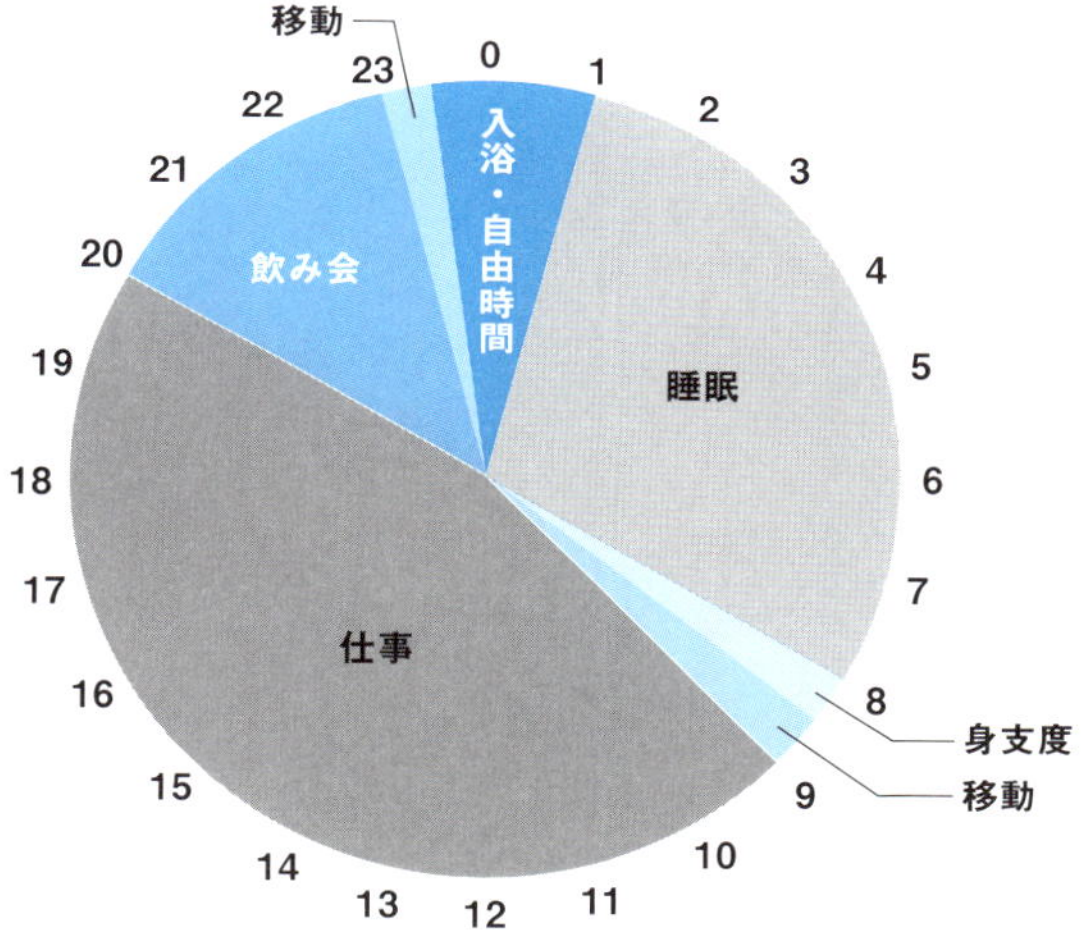

朝型の人の時間の使い方

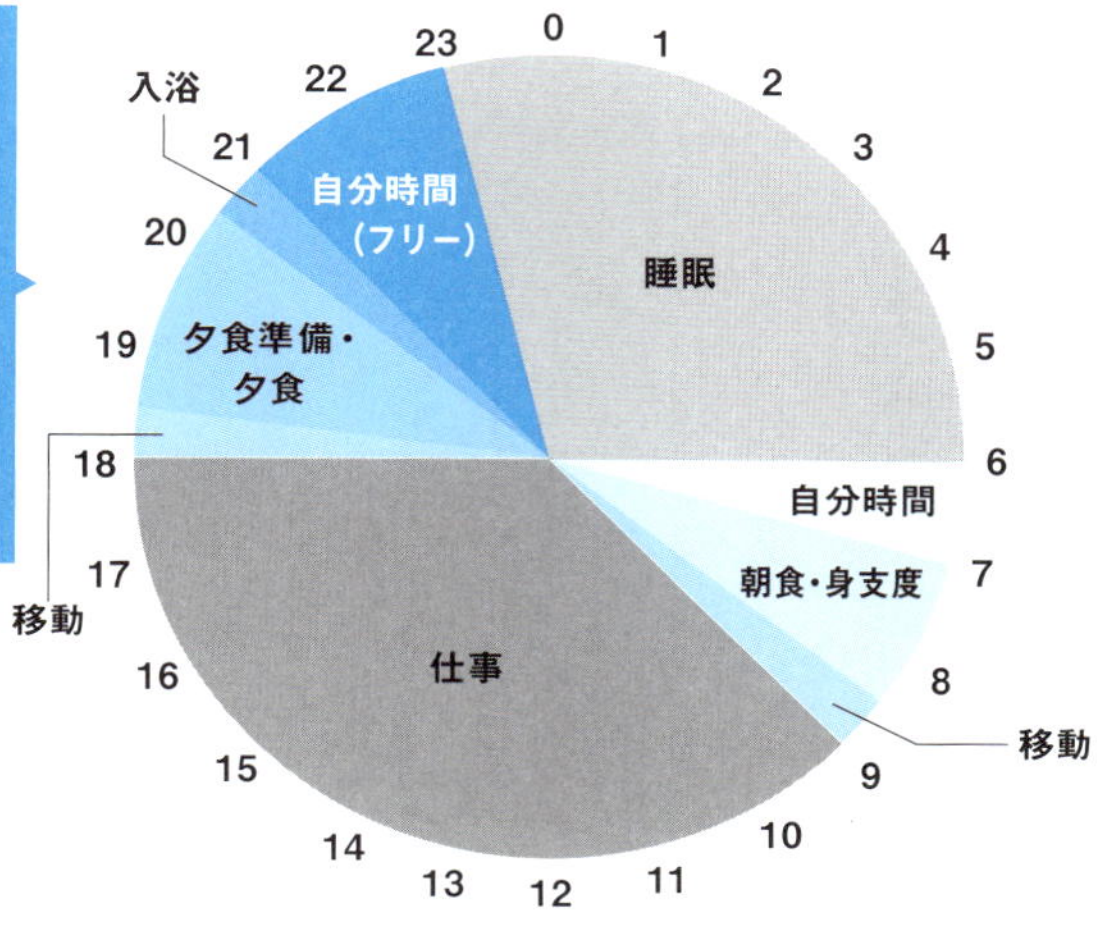

「浪費」「消費」「投資」の3つに分けて考える

生活を見直すときには、まず1日のそれぞれの時間を、どのように使っているのかをチェックするところからはじめます。

考え方は家計の見直しと同じです。それぞれの時間を「浪費」「消費」「投資」の3つに分類して考えてみましょう。

- 「浪費」＝金銭や時間を無駄に使うこと
- 「消費」＝金銭や時間を必要なことに使うこと
- 「投資」＝金銭や時間をそれ以上の価値を得られることに使うこと

たとえば、SNSやYouTubeをだらだら見ることは「浪費」です。**「浪費」の時間はできるだけなくしていく**方向で考えてみましょう。

ただ、最近はYouTubeやSNSを学習ツールとして使うケースも珍しくありません。その場合は、同じYoutubeやSNSを見る時間でも「投資」といえます。

「消費」は、いかに時間を短くするかがカギになります。

残業は「消費」の代表ですが、仕事がある以上ゼロにするのは難しいでしょう。でも、際限なくできてしまう終業時間後に3時間かけてやるよりも、まだ脳が疲れていない午前中に集中して進めるほうが効率的です。取り組み方を変えることによって、時間を減らすという考え方です。

お風呂や運動、ストレッチ、ヨガ、スキンケアなどは、翌日にむけたリカバリーになるので「投資」。もちろん勉強や読書、趣味の時間も「投資」と考えます。

ちなみに、同僚との飲み会や会食、ママ会などは人とのつながりをつくるので、「投資」と見ることもできます。

ただ、あまりにも多いと「消費」、あるいは「浪費」になりかねません。そこで飲み会については、飲み会ごとに「浪費か、消費か、投資か」を考える必要があります。

この考え方については、Part6で詳しく見ていきます。

このように1日のそれぞれの時間を分類していくと、夜型の人は、「消費」と「浪費」の時間が多くなっていることに気づくと思います。

「浪費」はなくし、「消費」は減らす。そうして余った時間を「投資」に変える。あるいは、余った時間を睡眠に充てます。つまり、早寝をします。

早寝ができれば、早起きができるようになります。そして**早起きができれば、朝に時間ができ、「自分時間」という「投資」の時間をつくることができるのです。**

いったん「理想の時間割」を組み立てる

「理想の時間割」を組み立てる3つのステップ

朝時間の使い方を見直すというと、起きてから家を出るまでの時間だけに意識が向くかもしれませんが、そうではありません。

朝時間の使い方を変えるには、まず朝早く起きるための「早寝（就寝時間）」があり、早寝をするための「帰宅してから寝るまでの時間の過ごし方」があり、さらには「何時までに帰宅するか」もかかわってきます。

そこで、**朝の「自分時間」に何をしたいかが決まったら**、まずは一度「1日の理想の時間割」を組み立ててみましょう。

最初は「理想」でかまいません。実現できるかどうかは考えずに、こんな時間割で1日を過ごせたらいいな、という〝理想〟をつくってみます。

やりかたは、次の3つのステップで考えていきます。

❶朝の時間割を組み立てる

毎朝家を出る時間は固定の人が多いと思いますので、そこから逆算して、家を出るまでの時間をどう過ごすのかを考えます。

朝の「自分時間」は2時間でも30分でもいいのですが、ここでは1時間と仮定しましょう。朝食を食べる時間や身支度の時間など、家を出るまでに必要な時間も割り出します。

すると、あなたの起床時間が見えてきます。

たとえば、家を出るのが朝8時だとします。「自分時間」を1時間とり、その中で英語学習を30分、お弁当をつくる時間に30分を使うと決めます。朝食と身支度にかかる時間がだいたい1時間と想定すると、「自分時間」＋「朝食・身支度の時間」

が合計2時間なので、起床時間は朝6時が理想とわかります。

❷就寝時間を決める

起床時間と朝の時間割が決まったら、それを達成するために、前日の夜は何時に寝る必要があるのかを考えます。

❶朝の時間割を組み立てる

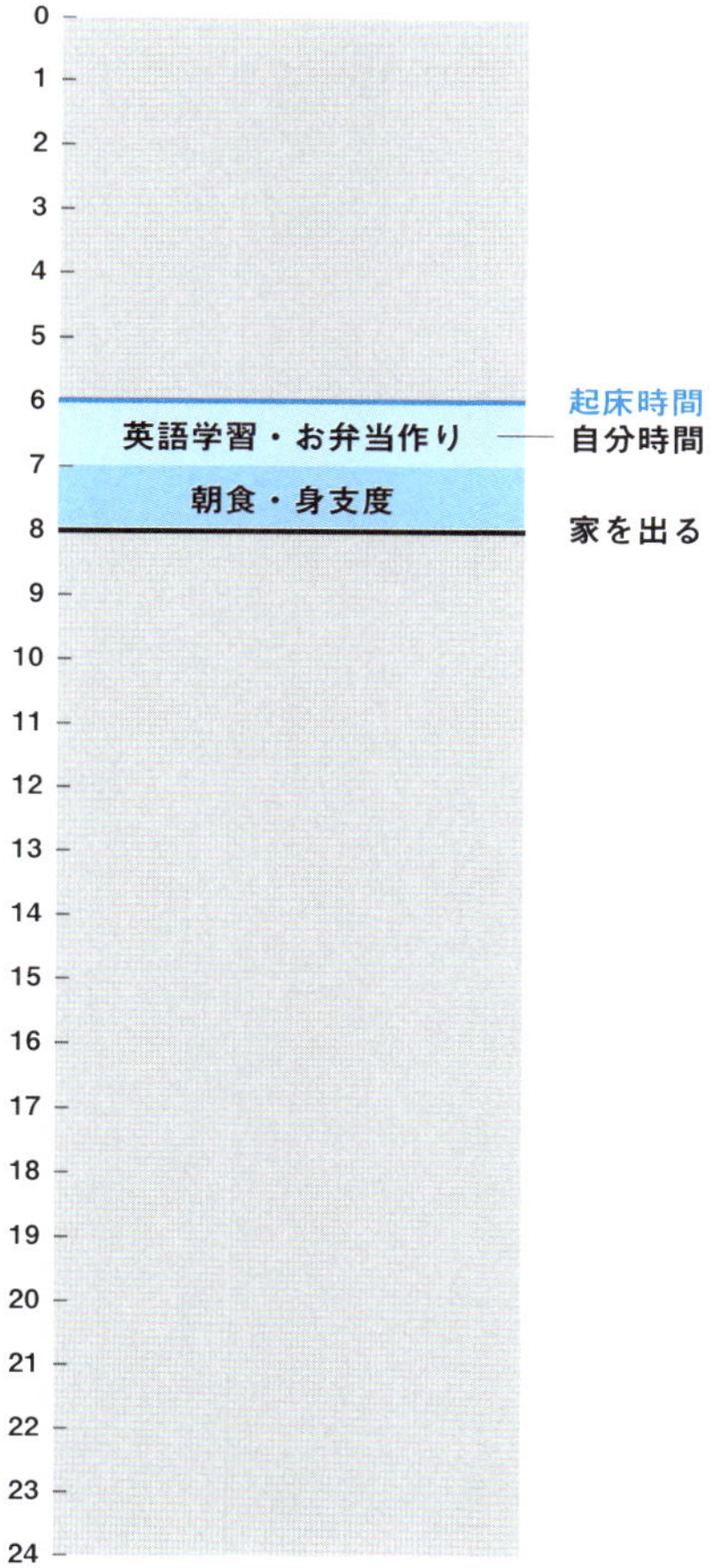

そのためにはまず、自分にあった適正睡眠時間を知る必要があります。適正睡眠時間を知る基準の1つは、「昼間に眠くならない」こと。この基準をもとに、自分は睡眠に何時間必要なのか？　を考えてみて、起床時間から逆算します。

仮に、睡眠時間が7時間必要だったとします。6時起床の場合、7時間の睡眠時間を確保するためには23時に寝る必要があるとわかります。

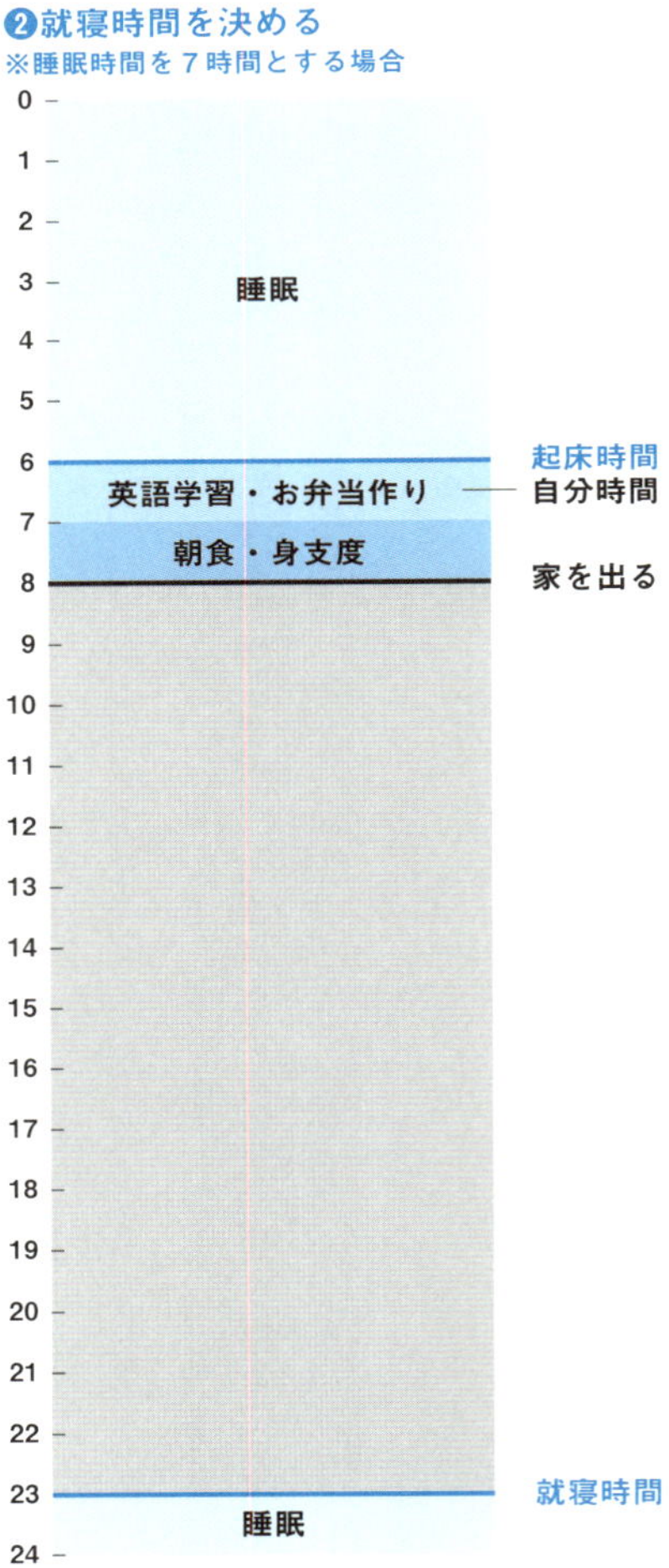

こうして理想の起床時間と就寝時間がフィックスされます。

理想の生活が徐々に見えてきましたね。

ここで注意したいのは、睡眠時間です。

早寝早起きを続けていくには、睡眠時間がしっかりとれて、毎日、心身ともに活力のある状態でいることが前提になります。次項でも触れますが、朝と夜どちらも充実させたいと欲張った結果、睡眠時間を削るようなことがないように注意してください。

❸夜の時間割を組み立てる

最後に、帰宅してから寝るまでの夜の時間（＝夜時間）の過ごし方を考えます。

まずは、夜時間が何時間あるのかを算出しましょう。帰宅時間が19時で、就寝時間が23時であれば、夜時間は4時間です。

次に、この4時間を何にどう割り振るのかを考えます。その際、❶と同じように、夕食や入浴などの「必要な時間」と、ストレッチや読書など「夜の自分時間」を分けて考えると組み立てやすいです。

たとえば帰宅時間が夜7時で、夕食の準備に1時間、夕食に1時間とるとします。さらに入浴を30分と考えると、ここまでが「必要な時間」です。この合計2時間半を引いて、就寝時間までの残り1時間半が「夜の自分時間」です。

❸夜の時間割を組み立てる

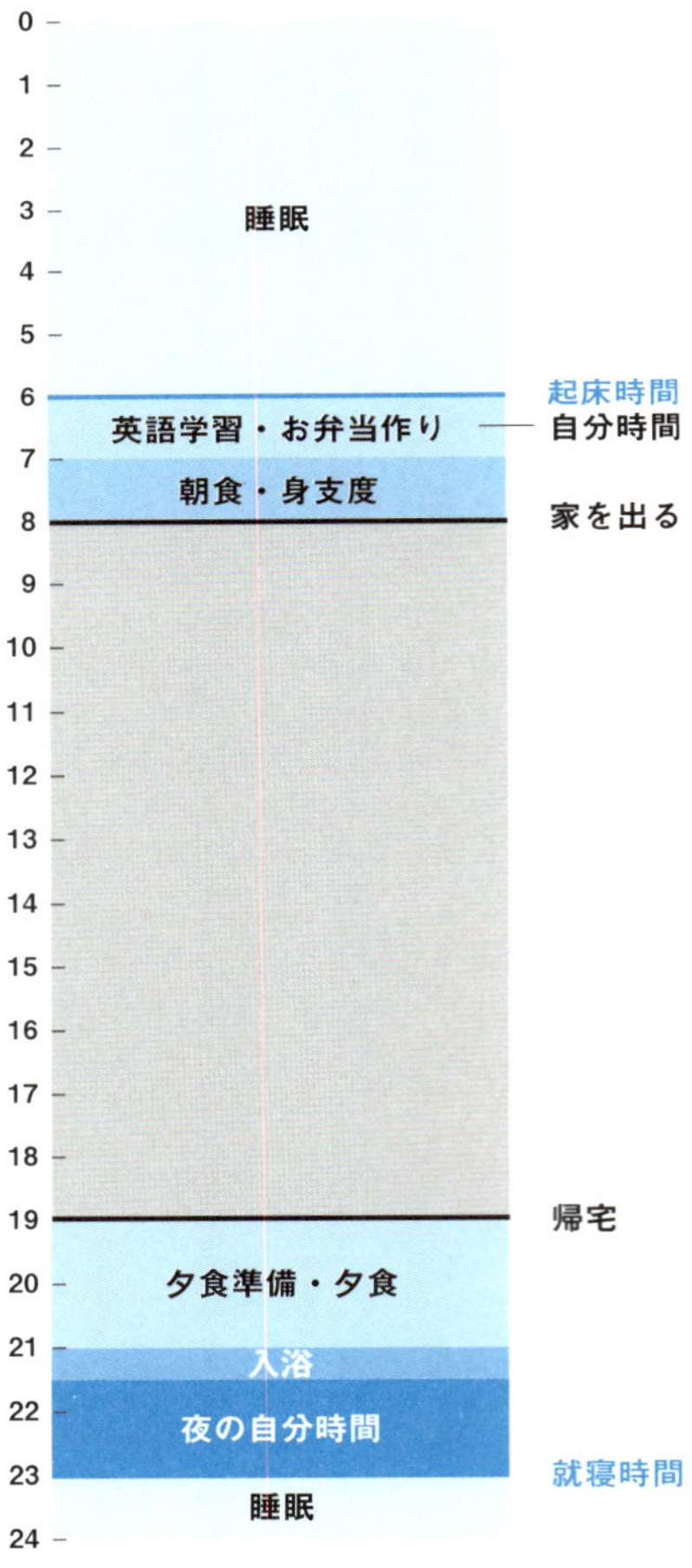

今の生活とのギャップから見直しポイントを見つけよう

これで、「理想の時間割」の完成です。

時間割は、**まずは1時間や30分という単位**で考えます。

慣れてきて、もう少し細分化したいな、と思ったら、15分や10分の枠をつくって調整してもかまいません。

たとえば、夜時間に「家族とだらだらする15分」を組み込みます。そうすると、その15分はだらだらしていいんだな、と意識することになります。

だらだらする時間＝無駄な時間として徹底的に排除しようとすると、気持ちが窮屈になっていきます。「してはいけない」ではなく「この時間はしてもいい」という意識でいることによって、継続しやすくなります。

こうして組み立てた「理想の時間割」が達成されると、「ごきげん」な1日を過ごせそうな気がしませんか？

まずは**「できるか／できないか」を考えるのではなく、この「理想の時間割」を毎日続ければ「ごきげん」になれる、というイメージを明確に持つことが大切**です。

そうすることで実現度は高まっていきます。

では、ここで質問です。

「理想の時間割」と今の生活を比べたとき、どこにギャップがありますか？

今の生活にあって、理想の時間割にはないもの。逆に、今の生活にはなくて、理想の時間割にはあるものはなんでしょうか。

それが、これからあなたが見直さなければいけないことです。

たとえば、「19時に帰宅するには、残業をなくして定時で帰る必要があるな」「子どもを22時までに寝かしつけるには、夕食のあと、だらだらスマホを見ている時間をなくさないといけないな」など。

これらの「残業」や「スマホを見る時間」は、消費や浪費の時間にあたります。

消費は減らし、浪費はなくす。

見直しが必要な時間が明確になることで、なんとなくやれそうな気持ちになってくるのではないでしょうか。

最低条件＝睡眠時間は削らない

「睡眠ファースト」で考える

早寝早起きを実現するには、睡眠をしっかりとることが大切になります。

私の「ごきげん方程式」にもあるように、十分な睡眠時間がとれていることは最低条件。**睡眠を犠牲にしていては、早寝早起きは長続きしません。**

前項で、自分にあった適正睡眠時間を知る必要があるとお伝えしました。ここでは、自分にあった適正睡眠時間の考え方を説明します。

睡眠時間は人によっても異なりますが、およそ6時間から8時間程度と考えられています。

適正睡眠時間の定義の1つは、**「昼間に眠くならない」**ことです。昼間、ウトウトしてしまう時間があるとしたら、睡眠が足りていないサインです。

反対に昼寝がなくても眠くならなければ、今の睡眠時間は自分にあっていると考えてよいでしょう。

早起きをするためによくあるのが、無理して睡眠時間を削ることです。

たとえば、「23時半就寝、6時半起床」と決めていたけれど、寝る時間が24時になってしまったとします。このような場合、がんばり屋さんほど「理想の時間割」を守るために、翌日も6時半に起きようとします。

たしかに「朝早く起きる」という行動に「○」はつきますが、本来必要な睡眠時間が30分も削られてしまっています。

この生活は、1週間程度なら続けられるかもしれませんが、長くは続かないでしょう。**必要な睡眠時間がとれていないのに、無理して「理想の時間割」を実行するこ**

とはおすすめしません。

つまり、「睡眠ファースト」です。睡眠時間は何よりも優先してください。寝る時間が30分遅くなってしまったら、起床時間も30分延ばすのが正解です。

実際に「理想の時間割」を実践してみると、**いちばん難しいのは早起きよりも早寝**だということに気づくと思います。

みなさん「早起きをがんばります」と言いますが、早起きはがんばるものではありません。強いて言うなら、がんばりどころは早起きよりも早寝なのです。

早寝をするためには、仕事、人間関係、家族との時間、自分のだらだらする時間など、日中や夜時間の過ごし方を見直すことが必要になります。

早寝のための夜時間の過ごし方については、Part7で詳しく見ていきます。

「毎日同じ」が習慣化のコツ

「曜日ごとにやることを変える」は間違い

ところで、朝の「自分時間」にやりたいことがたくさんあるという人もいると思います。

散歩もしたいし、英語学習もしたい。そこで、月・水・金は散歩をして、火・木は英語学習をするというように、曜日によって時間割の内容を変えようと考える人もいるかもしれません。

しかし、これはおすすめしません。続かなくなる恐れがあるからです。**少なくとも平日は「毎日同じ」と考えましょう。**（※本書では月～金曜日を仕事のある日＝平日として考えます）

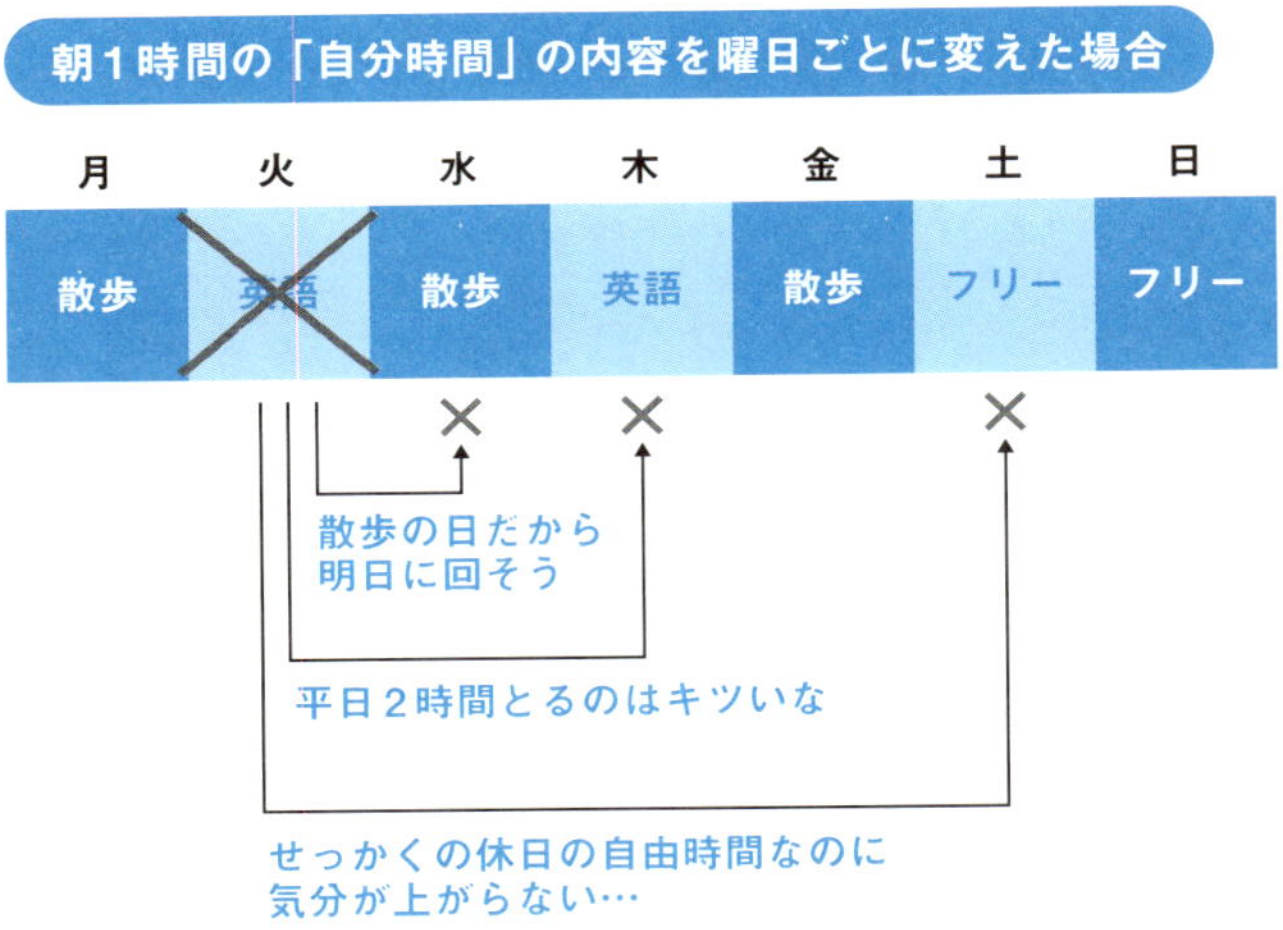

たとえば、月・水・金は散歩、火曜日と木曜日に英語学習、土日はフリーと決めたとします。

もしも火曜日の朝に早起きができなかった場合、「次の日にやればいいや」と考えるでしょう。ところが、水曜日は散歩の日なので、結局その日は英語学習の時間はとれず、木曜日に持ち越されます。木曜日はもともと英語学習をやると決めた日ですが、遅れたぶんを取り戻すには時間が足りず、また次の曜日に持ち越しになり……こうしてどんどん持ち越しがたまってしまうことになります。

だったら決められた予定のない土日で取り返せばいいじゃないかと思うかもしれませんが、本来自由に使えたはずの時間を持ち越したタスクの消化に充てるのは、気持ち的にも相当な負担になります。

こうなってしまうと、結局英語学習をやるのが億劫になってきて、週に1回もやらなくなるということになりかねません。

日によって内容を変えること自体が間違いなのです。

日替わりするより、細分化して毎日やろう

繰り返しになりますが、「理想の時間割」を組むときは、「平日の朝は毎日同じ」がポイント。とくに朝が苦手な人や初めて早起きに挑戦するという人は、習慣化のためにも、この基本は押さえておきましょう。

5分や10分という短時間でもいいので、毎日の時間割に組み込んで、やらない日

をつくらないようにします。

そのかわり、**休日の朝はフリーにして忙しい平日の朝にはできないことに時間を使う**のもいいですね。

私は毎朝やることがすごく多いのですが、5分や10分という短い単位で時間割を組んで「毎日やる」という姿勢でこなしています。

まずは欲張らず、シンプルに「毎日同じことをやる」ことを優先しましょう。曜日によって内容を変えたり、イレギュラーな日を認めないのがコツです。

やりたいことがたくさんある人は、「理想の時間割」が完全に習慣化され、軌道にのってきてから、メニューを増やしたり、変更したりと、カスタマイズしていきましょう。

予定どおりにならなくても落ち込まないリカバリーの考え方

「全体最適化」で自分の「ごきげん」を保つ

ここまでは、１日単位で時間割を考えてきました。

ただ、ときには朝起きられなかったり、家族行事や会社行事によって自分のルーティーンが崩れることもあります。

もちろん毎日続けられることがいちばん理想ですが、気負いすぎて辛くなってしまうようでは意味がありません。できない日があっても一喜一憂する必要はないのです。

事前にできる対策としては、**時間割をもう少し大きな単位で考える**という方法があります。

「理想の時間割」を組み立てるとき、まず「朝の自分時間で何をしたいか？」というところから考えました。

また、「自分時間」でやることには、大きく分けて「目的系」と「生活系」があるというお話もしました。

このうち「目的系」については、「ランニングを続けて体力をつけたい」「英語を上達させたい」「本を5冊読みたい」などの「ゴール」があると思います。

「目的系」は1日単位で考えずに、1週間単位、あるいは1か月単位で考えることができるというメリットがあります。

「今月は家族の予定が詰まっているな」「梅雨だから毎日外でランニングは難しそうだな」と思ったら、1週間や1か月という**「全体像」をつくっておいて、その中で帳尻をあわせていく**というスタンスで考えることをおすすめします。

では、改めて「目的系」の時間の使い方について、組み立て方を考えてみましょ

「全体最適化」のための3ステップ

❶目的は？	❷月の目標値は？	❸1日単位にすると？
ランニングで体力をつけたい	60kmを目指す	2km
読書の時間を増やしたい	5冊読む →1冊3時間として15時間必要	30分

考えてみよう！

う。大きく3つのステップがあります。

❶目的を決める

「ランニング」や「英語学習」、「読書」などの目的を決めます。

❷月単位の時間を決める

目的が決まったら、月単位でどれくらいやりたいのか、理想の目標値を決めます。

たとえば「月60km走る」「英語を月30時間勉強する」「本を月5冊読む」などです。

③1日単位に落とし込む

1か月の目標値が決まったら、それを1日単位の数字に落とし込みます。

「月60km走る」なら、1日にすると2kmです。自分の今の体力をふまえながら、2km走るために必要な時間を15分と考えます。

「英語学習を月30時間やる」なら、1日あたり1時間。「本を月に5冊読む」なら、1冊を読むのに3時間かかるとして、月に15時間が必要です。これを1日あたりに置き換えて、1日30分と割り出します。

このように、まずは月単位で確保したい時間を決めてから、1日単位の時間に落とし込んでいきます。

1か月単位で目標値を考えておくと、毎日「できた/できなかった」で一喜一憂する必要がなくなります。

もし15分のランニングができない日があったとしても、週末にランニングの時間を設けるなどして、別の日でリカバリーすればいいのです。このようにしながら全体としての目標が達成されれば、落ち込むこともありません。

「自分時間」を分割しておく

さらにいえば、「自分時間」は、「目的系」と「生活系」をセットにして考えることをおすすめします。

朝の「自分時間」が1時間なら、目的系30分、生活系30分などとします。もちろん、15分単位で区切るなど、もっと細分化してもいいです。

複数のやりたいことをセットにしておけば、もしどちらかひとつ（どれかひとつ）しかできなかったとしても「最低限これだけはやれた」とポジティブに考えることができるからです。

たとえば前日に飲み会があって、いつもより寝る時間が30分遅くなってしまったとします。睡眠時間は削らないのが基本なので、起床時間も30分遅れることになります。すると、朝の「自分時間」はいつもより半分の時間しか確保できないことになります。

このようなとき、私なら「目的系」をカットして、30分の自分時間は「生活系」に充てます。すでにお話したとおり、生活の土台となるのは「生活系」のほうだからです。

ランニングや読書ができなくても、身の回りを整頓したり、きちんとした食事がとれていれば、気持ちが安定します。

時間割どおりの時間が確保できなかったときも、その日自分が「ごきげん」でいられるように、あらかじめ選択肢と優先順位を考えておくというのも1つのアイデアです。

やってみよう
STEP
2

1日の理想の時間割を考える

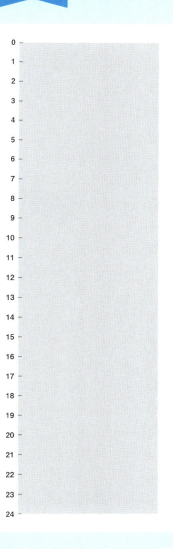

❶朝の時間割を組み立てる

- ✓ 家を出るのは何時?
- ✓ 朝食や身支度など
最低限必要な時間は?
- ✓ 自分時間を加算したら
起床時間は何時?

★自分時間の内容は固定にしよう!

❷就寝時間を決める

- ✓ 必要な睡眠時間は何時間?
- ✓ 起床時間から逆算すると
就寝時間は何時?

❸夜の時間割を組み立てる

- ✓ 帰宅時間は何時?
- ✓ 就寝時間まで何時間ある?
- ✓ 夕食やお風呂など、
最低限必要な時間は?
- ✓ 夜の自分時間は
どのくらい使える?

Part 5

「自分アポ」で1か月分のスケジュールを立てる

「理想のスケジュール」を考えてみよう

「自分アポ」で1か月先までの予定を作成する

「理想の時間割」があると、この先の「理想のスケジュール」を組むことができます。

どのくらい先のスケジュールかというと、およそ**1か月先までの理想のスケジュール**です。

このパートでは、「1日単位の時間割」からさらに広げて、あらかじめ1か月ぶんの自分のスケジュールを組んでしまうという考え方を紹介します。

こちらも、まずはあくまで「理想」でかまいません。

スケジュールの立て方は、基本的には、普段仕事やプライベートでスケジュールを組むときと同じイメージです。決まっているものからカレンダーに追加していき、「空いている日」や「空いている時間」を把握します。

ちなみに、私はGoogleカレンダーを使って、1か月先までの「理想のスケジュール」を組んでいます。

まず、**「理想の時間割」をもとに、平日の朝と夜にやりたいこと・やるべきことを1か月先まで入れておきます。**

たとえば起床時間が6時で出勤が8時の場合は、「6時~6時半:英語学習」「6時半~7時:お弁当作り」「7時~8時:朝食と身支度」などと記入します。

帰宅時間が19時で就寝が23時の場合は、「19時~21時:夕食準備と夕食」、「21時~21時30分:入浴」「21時半~22時:今日の振り返り」「22時~23時:読書」などと記入します。

❶「1日の理想の時間割」をもとに平日の朝と夜の予定を入れる

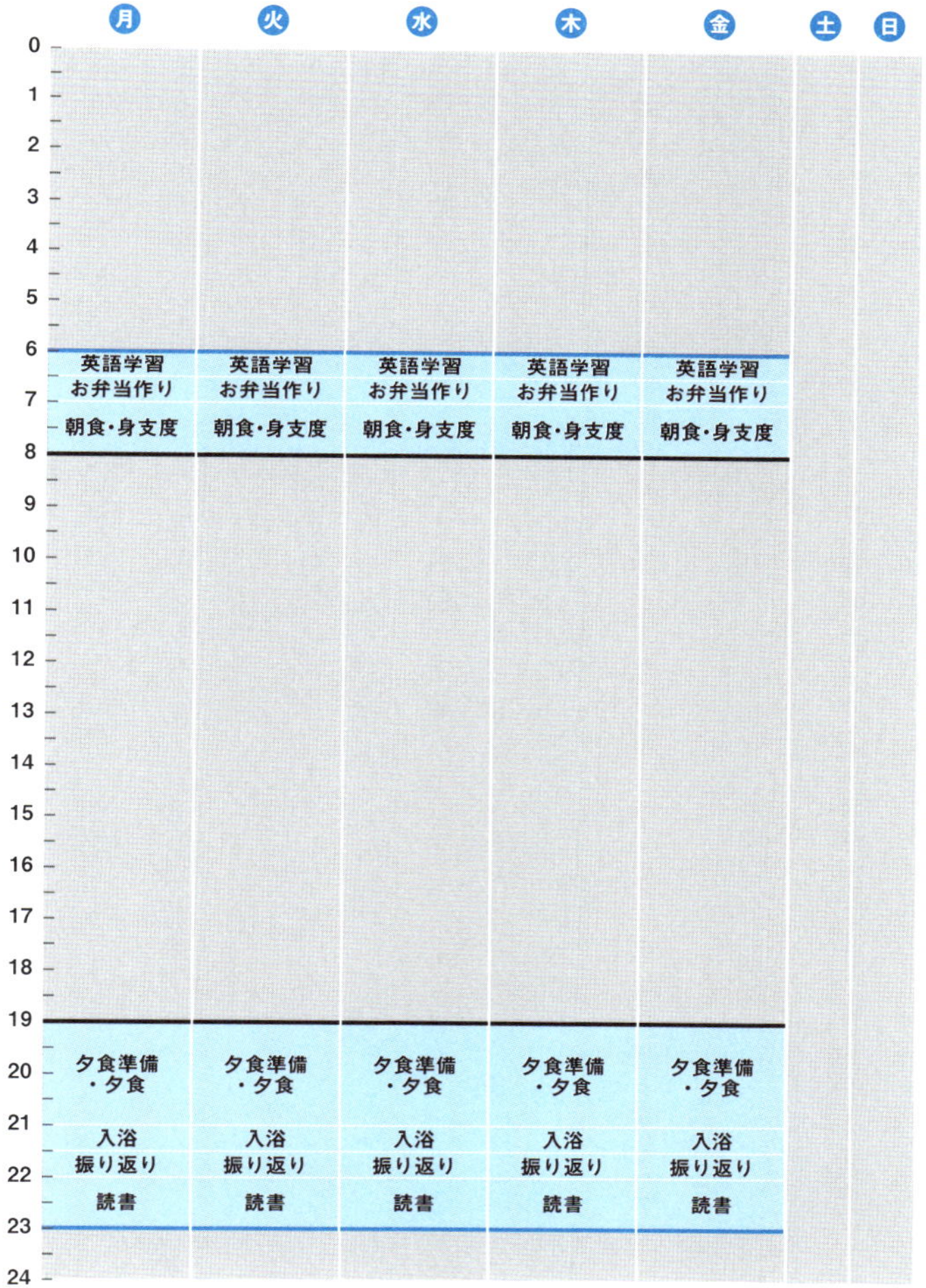

次に、昼間に行う仕事の予定を入れます。すでに決まっている予定に加え、「営業」や「企画」など、ざっくりしたキーワードも入力します。

こちらは具体的な約束がなくてもかまいません。その時間をどのようなタイプの仕事の時間に充てたいのかを考えて、それを組みこんでいきます。

たとえば、金曜日の午前中は事務仕事の時間にしたいと考えるなら、金曜日の午前9時〜12時を「事務」に。月曜の午後は営業先をまわりたいと考えるなら、月曜日の13時〜17時は「営業」と記入するなどです。

つまり、**自分で自分にアポを入れて、次の1か月はこのスケジュールで行くとあらかじめ決めてしまう**のです。

1か月先までのスケジュールが決まると、空白の時間が「見える化」されるので、ほかの予定が組みやすくなります。あとから予定が入ったら、この空白の時間に当てはめていけばいいのです。

❷昼間の予定を入れる

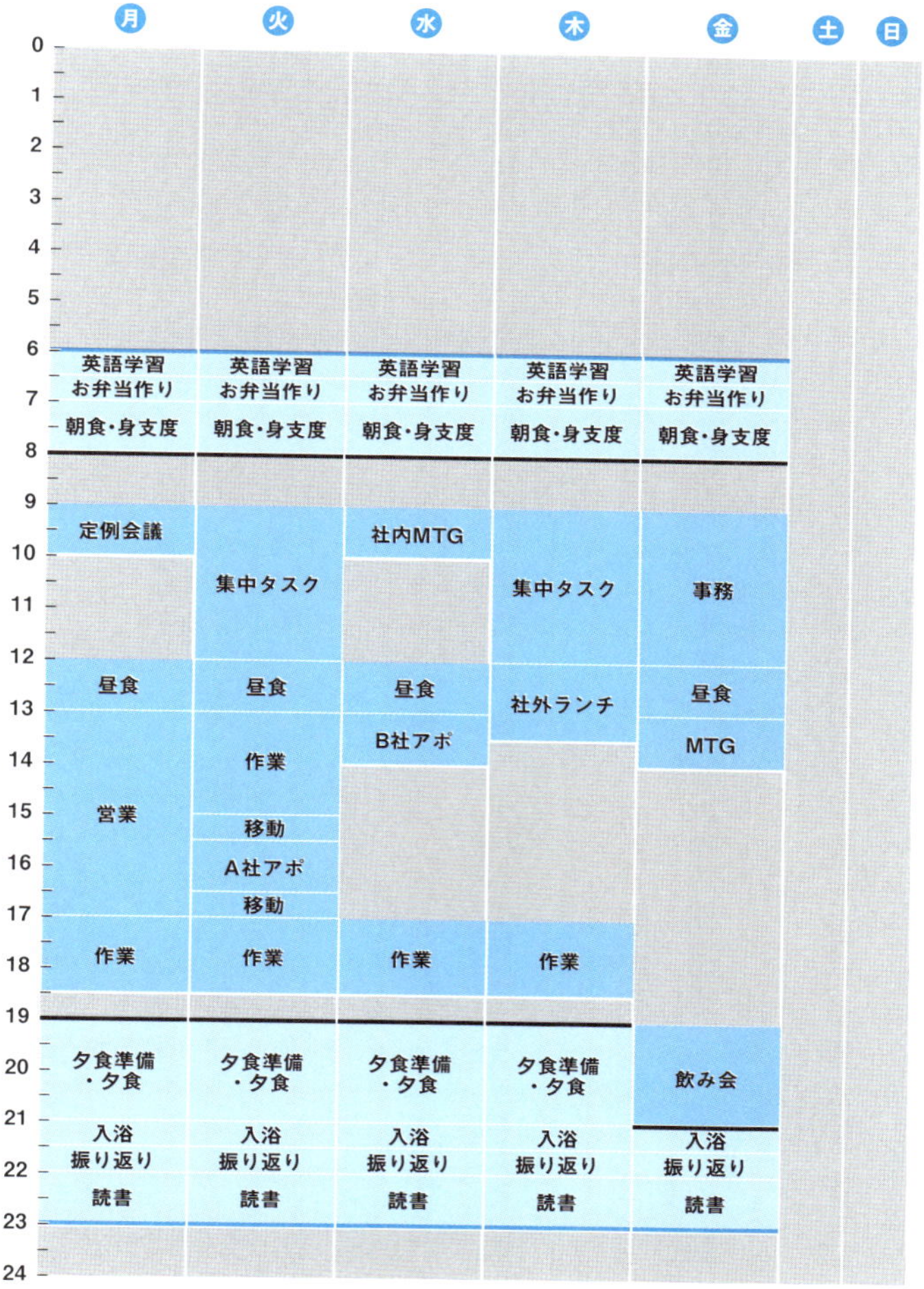

自分の仕事内容に合わせて「作業」→「資料作成」「企画を考える」などと細かく分類しても◎。
上記の場合、水・木・金に余白があるので新規のアポや突発のミーティングなどはここで対応できるとわかります。

スケジュールが「ごきげん」をつくる精神安定剤になる

1か月先までのスケジュールをあらかじめ組んでおくと、優先順位を間違えることがなくなります。つまり、他人ではなく自分を優先することができるようになります。

Part1でお話ししたように、「打ち合わせはいつにしますか?」と言われて「今週も来週も空いていますよ」と返すのでは、他人に「ごきげん」をゆだねることになります。

1か月先のスケジュールが決まっていれば、空白の時間がわかるので、「来週の月曜の14時と金曜の14時なら空いていますよ」と提案できます。

この時間はもともと空白の時間なので、「急な打ち合わせによってやりたかった仕事ができなくなった」ということもありません。もともと業務やプライベートに支障のない枠を指定しているので、どの日を選択されても自分主導で予定を組めていることになるのです。

スケジュールは、まず1か月先までの予定を入れておいて、**1週間経ったらまた1か月後の1週間分のスケジュールを追加していく**という手順がおすすめです。

先のスケジュールが見えていない状態だと、飲み会のときに「あの資料、期限までにまとめられるかな」などと仕事がチラついて不安になったり、仕事をしているときに「読みたい本があるのに全然読めてないな」とふいにモヤモヤしたりと、ふとした瞬間に精神衛生が悪くなるということが起きやすいです。

その点スケジュールの中に「資料まとめ」「読書」などとしっかりと組み込んであれば、今この時間に集中することができます。

つまり、**スケジュールが決まっていることで心が安定して、「ごきげん」がつくりやすくなる**のです。

スケジュールは「パズル」にして組み立てる

1日単位で小分けにしたもの＝パズルのピース

スケジュールを入れるときは、**それぞれの予定を「パズル」のようにして組み立てていくのがコツ**です。

スケジュールを入力するツールは、もちろん紙の手帳やその他のアプリでも構いません。ただし、1日の時間軸のようなものがあって、時間単位で予定を書き込めるタイプのものだとなおよいです。

変更しやすいという意味では、手書きよりデジタルのほうが使いやすいかもしれません。

何を使うか悩んでいる人は、この「パズル」がやりやすいという点でも、Googleカレンダーをおすすめします。

たとえば、朝の「自分時間」に月に5冊のビジネス書を読むという目標を立てたとします。1冊に3時間かかるとすると、5冊読むのに15時間。毎朝の自分時間に読書をするなら、1日に必要な時間は30分です。この場合、「読書30分」が1つのピースになります。

このピースを、カレンダーの1か月先までのスケジュールに組み込みます。

基本的には、日中の仕事や趣味、家族の予定なども考え方は同じです。

仕事なら、今抱えているプロジェクトに対し、月単位でどれくらいの稼働時間が必要かを見積もります。**このとき、急なトラブル対応などイレギュラーな作業でずれ込む可能性もあるので、予備日を設けておくと安心**です。

私のおすすめは、予備日は金曜日に設定すること。スケジュールは1週間単位で見直しをするので、その週の平日の最後に予備日を設けておけば、帳尻合わせがしやすいからです。

進捗が順調なときはフリータイムとして扱えば、1週間がんばった自分へのちょっとしたごほうびにもなります。

たとえば月に32時間必要な案件があるならば、月曜日から金曜日のうち、金曜日は予備日として考えて、月曜日から木曜日の週4日間、1日あたり2時間が必要だとわかります。

この場合、「新規プロジェクト2時間」を1つのピースにして、カレンダーの1か月先までの毎週月曜日から木曜日に組み込みます。

あるいは子どもの保育園のお迎えがある人は、お迎えにかかる時間が1つのピースになります。習いごとの付き添いなら、毎週月曜日の夕方16~17時は「ピアノ」、

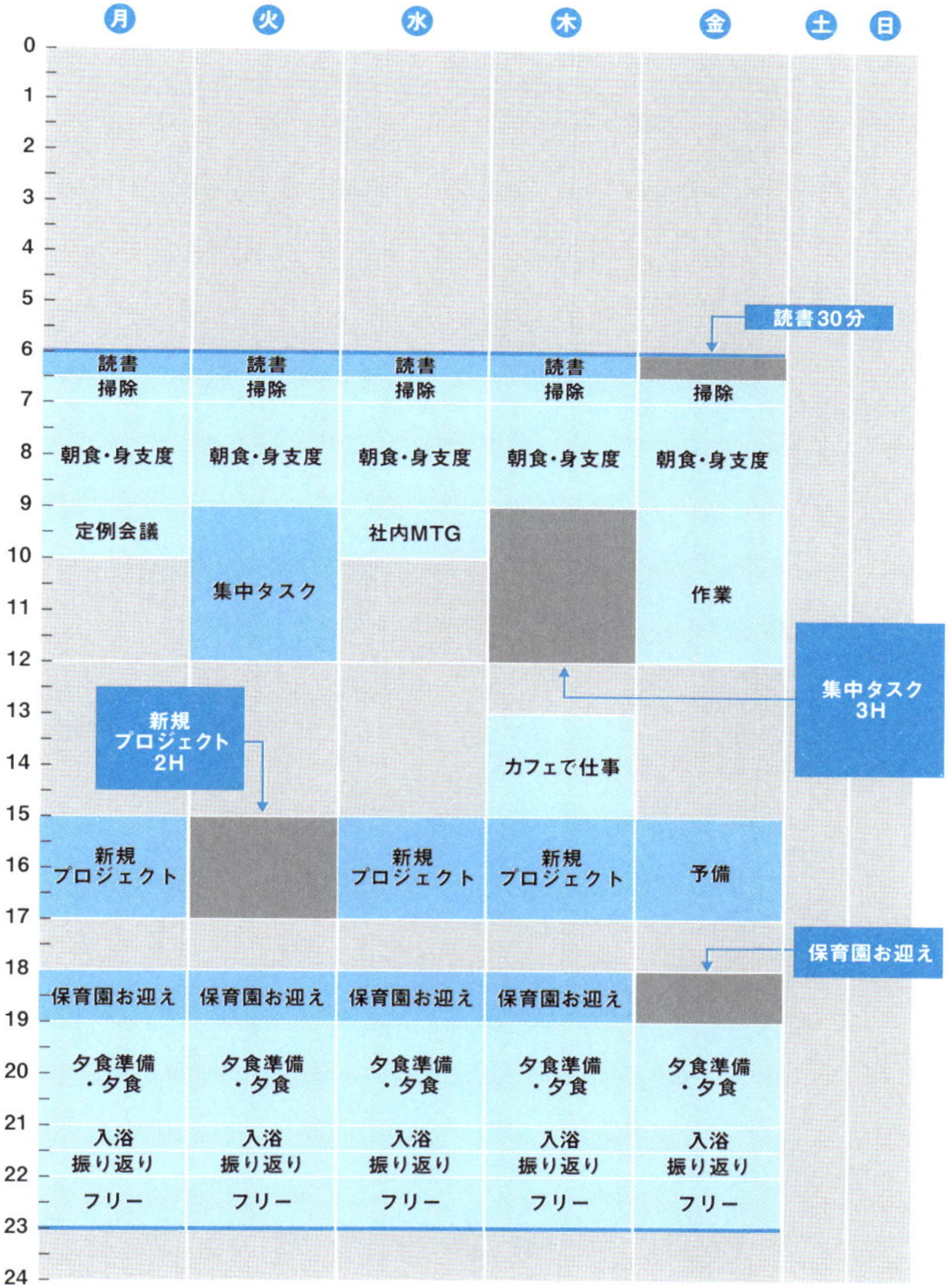

ほかにも、定例のものや毎週固定にしたいものなどをあらかじめピースにして入れておくと安心です。

毎週水曜日の17時～18時半は「プール」などと組み込みます。

このように仕事や趣味、家族の時間について、1日単位のピースに落とし込んで、カレンダーの1か月先までのスケジュールに組み込んでいきます。

これによって1か月先まで毎日の時間割がクリアになるので、**あとはその時間割どおりに行動するだけで、仕事や趣味の目標が達成できます。**

最初は1か月分を考えなければいけないのでちょっと大変かもしれませんが、2回目以降は1週間分に減るので、作業時間もぐっと減ると思います。

初期投資だと思って、取り組んでみてください。

ピースはあとから動かしてもいい

それぞれのピースはあとから動かすこともできます。

スケジュールを決めておいても、イレギュラーな予定が入ることはどうしてもあります。そんなときは、パズルのように各ピースを動かして調整します。

たとえば、急遽入ったミーティングの資料作りの時間が必要になったとします。その日のスケジュールを見てみると、「9時～10時：定例会議」「11時～12時：新規商品の分析」「13時～15時：A社でアポ」「16時～17時：資料作成」「17時半～18時半：保育園お迎え」となっています。

このうち、「11時～12時：新規商品の分析」というピースは翌日以降に動かしても支障がなさそうです。

そこで、直近で設けていた予備時間に「新規商品の分析」というピースを移動して、空いた枠に「資料作り」というピースを組み込みます。

このように、各ピースを動かして柔軟にスケジュールを調整します。

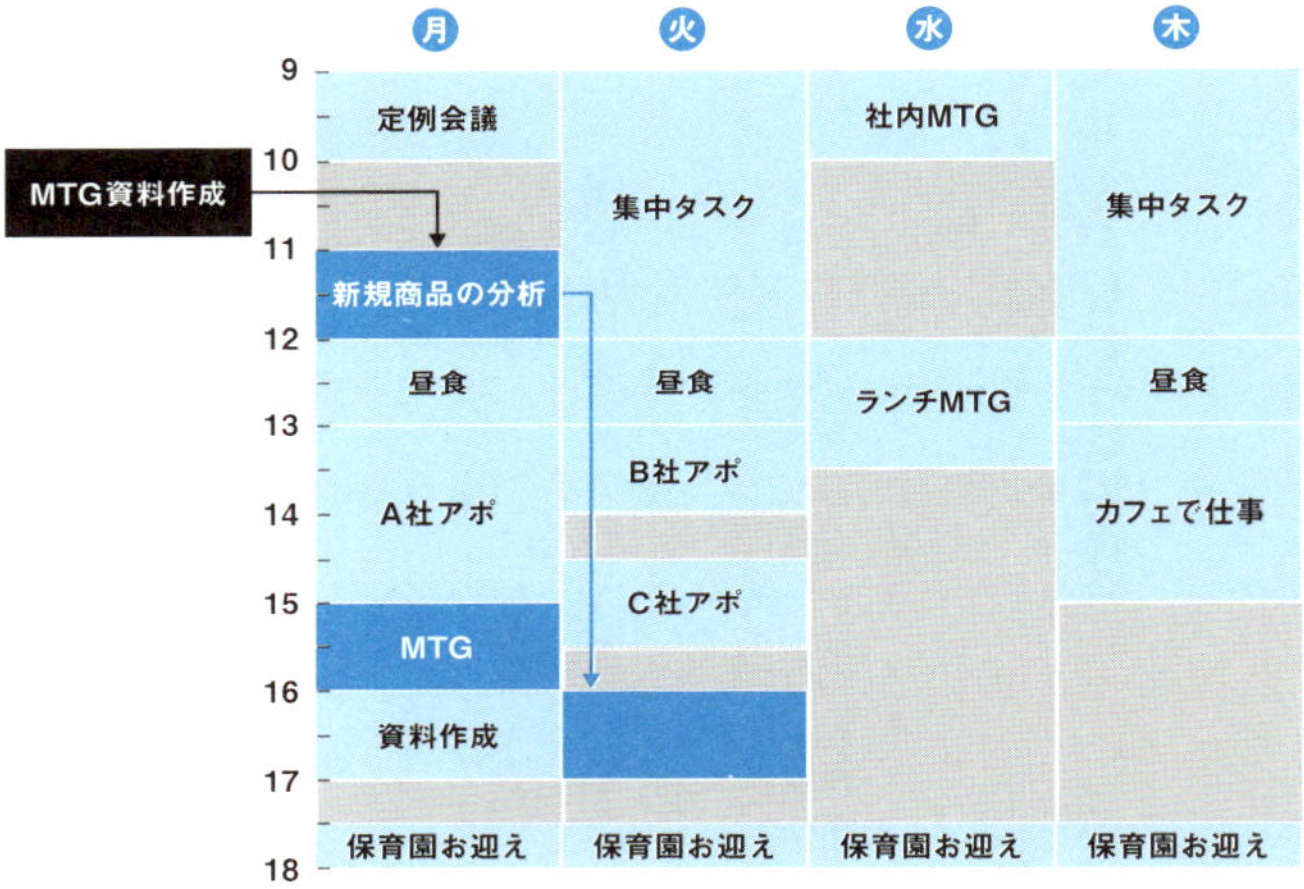

スケジュールというのは、そのとおりに完璧にいくことはありません。**都度、パズルをして動かしていくことを前提に運用していく**といいでしょう。

スケジュールを調整するときは、基本的にはその週の中で帳尻をあわせるようにすることをおすすめします。

そのためにも、スケジュールには、バッファ（余裕）を設けておくことが大切です。

たとえば、平日の月曜日から金曜日のうち、週の終わりの木曜日と金曜日はあえて予定を詰め込みすぎず、空白の時間を設けておきます。

これによって、その週の前半で突然入ってきた予定や終わらなかったタスクを調整するための予備日として、木曜日と金曜日を使うことができます。

不測の事態に備えて、挽回するチャンスを設けておくことも、スケジュールづくりのコツです。

マイルールを組み込んで スケジュールの精度を上げる

マイルールの基準は「自分がごきげんになるかどうか」

私は、社外のミーティング（アポ）は週に6件、月に24件までと決めています。

そのなかで、既存のお客様と、新規のお客様とのミーティングを調整しています。

これくらいのミーティング数をベースにすることで、ゆとりをもって仕事にのぞめています。

また、ミーティングは「火水金の午後」に入れると決めています。月曜日と木曜日はミーティングをブロックしています。

なぜかというと、月曜日の午前中は週のはじまりで、考える系のタスクを優先したいからです。木曜日も1日ミーティングを入れない日にして、考える系のタスクに集中する日としています。

これが私が「ごきげん」に仕事をするための「マイルール」となっています。

このマイルールがないと、どうなるでしょうか？

時間が空いているからといって木曜日にどんどんアポを入れてしまうと、「木曜日にアポが3件も入ってしまったけど、準備ができていない」なんてことになりかねません。

あるいは、木曜日は集中して新規プロジェクトについて考えたいのに、1件だけアポが入っていることで移動や準備が必要になり、思考が途切れます。

ところが、「月曜日と木曜日はミーティングをブロックする」というマイルールを適用すれば、こうした混乱やストレスを回避できます。

このように、**スケジュールを組むときには、「マイルール」をつくっておく**ことをおすすめします。

マイルールがあれば、だれかと予定を調整するときも楽になります。「来週飲みにいかない?」と誘われても、「飲み会は週に1回、金曜日にする」というマイルールがあれば、「来週はもう飲み会の予定があるから、再来週以降の金曜日でお願い」と伝えることができます。

これにより、気づいたら3日連続で飲み会になり、連日寝不足で疲れている……ということが防げるのです。

マイルールとしては、いろいろなものが考えられます。

- モーニングの予定は、水曜の朝に入れる
- 飲み会は、第3金曜日の夜に入れる
- ジムに週2回、火曜日の夜と木曜日の夜に行く

- 社内のメンバーと週1回ランチに行く
- 木曜日の午後の2時間は、社外のカフェでひとりで仕事をする
- 月曜と木曜と土曜にスーパーで食材の買い物をする
- 月曜日は〇〇〇のお店でランチをとる

マイルールは、自分が「ごきげん」になるかどうかを基準に考えてみましょう。まずは試してみて、実際によかったものをマイルール化します。トライ&エラーでやっていくことが大事です。

「マイルール」があると余計な意思決定のストレスが減る

マイルールも、1つのピースにしてスケジュールに入れていきます。

これも「自分アポ」の考え方で、先に枠だけ作ってしまいましょう。マイルールを組み込むだけでも、1か月先までのスケジュールは自動的にかなり埋まっていく

と思います。

たとえば、「モーニングの予定は、水曜の朝に入れる」というマイルールがあるなら、毎週水曜日の朝7時~8時の時間枠に「モーニング」といれてしまいます。

そうすることで、実際にモーニングのお誘いがあったときに、「来週の水曜の朝7時はどうですか?」という具体的な提案ができるわけです。

アポが入らなければ、自分時間に切りかえればいいだけです。

「木曜日の午後の2時間は、社外のカフェでひとりで仕事をする」というマイルールがあるなら、毎週木曜日の午後、2時間の枠をピースにして「カフェで仕事」といれておきます。

こうすることで、急に「木曜日の午後、お会いできませんか?」と依頼がきても、すでにピースが入っているので迷わず断ることができます。

もちろん、緊急時や商談のチャンスなどで時間割が変更になることもありますが、マイルールが決まっていれば、そのほかの余計な意思決定をする必要がなくなります。

結局、昼間の時間割がうまくいかないと、残業や人づきあいで夜の時間割に影響が出て、寝る時間もずれていくことになります。そうなれば、朝時間に影響が出るのはもちろん、早寝早起きを習慣化するのは難しくなります。

早起きの達成率を上げていくためにも、マイルールで昼間の時間の使い方を効率化していくことが重要です。

年間50回の飲み会をだれに使うか？

朝型でも飲み会には参加できる

ところで、「早寝早起きをしていると、飲み会には行けないのではないか」と思われることも多いのですが、そんなことはありません。

私は毎日、早寝早起きをしていますが、「飲み会はすべて断ります」などという生活はしていません。

飲み会もマイルールを決めて参加すればいいのです。

たとえば、「飲み会は月に4回」をマイルールにします。年間に直すと、4回×12か月で、年間で48回です。

年におよそ50回と考えると、案外難しくないような気がしてきませんか？

大切なことは、飲み会に行かないことではなく、限られた回数の飲み会をだれに使うか？ を考えることです。

飲み会の相手には、どのような人がいるでしょうか。

まず、定期的に飲みに行く旧知の仲の人たち。学生時代の友達や社会人になってから知り合った気のおけない人たちです。その相手とは、どのくらいのペースで飲み会に行くでしょうか？

頻度によってカテゴリー分けしてみましょう。月に1回会う人、半年に1回会う人、年に1回会う人などに分けられます。

私の場合は、年間50回の飲み会のうち、半分の25回はこうした友人たちとの飲み会に割り当てています。25回の飲み会を、会う頻度によってだれに何回使うのかを見積もります。

そして残りの半分の25回は、仕事関係の飲み会。新しい人との出会いや、気になる人との交流、知り合ってまもない人との信頼構築のための飲み会です。

あらかじめ、このような想定で飲み会をコントロールしていくと、人間関係も充実します。友人との気楽で楽しい時間を過ごすとともに、新しい縁を育み、仕事の成果につなげていくこともできます。

「友達にしばらく会えてないな」とストレスに感じることもなくなりますし、仕事関係の人から、「早寝早起きをしてるから人づきあいが悪い」と思われる心配もありません。

飲み会の主導権は自分が握る

ちなみに、飲み会をするときには、**場所と時間と人数の設定も考えておけると理**

想です。

あくまでも私の場合ですが、「場所は自宅近く、時間は18時から、人数は4人以内」としています。

自宅に近い場所なら、移動時間が短縮できます。

18時からはじめれば、2時間飲んでも20時には終わります。移動時間が短ければ、22時には寝ることができます。これなら早寝早起きのペースが崩れません。

また人数は、4人以内が理想です。4人以内なら、2時間という枠の中でもみんなと話ができて、充実した飲み会になります。

このように、自分が「ごきげん」になれる場所と時間と人数の設定を考えておくと、他人の都合に左右されがちな飲み会でも、ストレスなく参加することができます。

では、飲み会の設定を自分の希望どおりにするにはどうすればいいでしょうか？

方法は1つしかありません。**自分が幹事を引き受ければいい**のです。

幹事を人にゆだねると、最悪の飲み会の設定になる恐れがあるので、自分で幹事をしたほうが確実なのです。

私はいつも自ら幹事を名乗りでて、自分で飲み会の設定をしています。

場所と時間と人数を調整しなければならない幹事役は、ふつうはみんなやりたがりません。ですから、幹事を名乗り出ることはむしろ喜ばれることのほうが多いです。

率先して幹事をやって、自分の理想に合わせた飲み会をセッティングできれば、「ごきげん」に場を楽しむことができます。

もちろん、人との交流を充実させるためには、飲み会だけに頼る必要はありません。人によっては、ランチやモーニングを利用してもいいのです。

「この人とはランチをいっしょにしたほうが心地よい」「この人とは早起きしてカフェでモーニングをすると話が弾む」という場合もあります。「ランチをする人」「モーニングをする人」などのリストをつくっておくこともおすすめです。

年間の飲み会の回数を制限して考えるときは、飲み会だけで人と交流しようとするのではなく、**飲み会をランチやモーニングに切り替える**と、コミュニケーションの場を増やすことができます。

この考え方は、選択肢としてもっておくとよいと思います。

- ✓ 無理のない時間配分になっているか？
（予備日を設ける、移動時間も計算しておく など）
- ✓ 飲み会や会食など、朝時間に影響しそうな予定が続いていないか？
- ✓ スケジュールどおりに行動したときに
「ごきげん」になれるイメージはあるか？

	月	火	水	木	金	土	日
0							
1							
2							
3							
4							
5							
6							
7							
8							
9							
10							
11							
12							
13							
14							
15							
16							
17							
18							
19							
20							
21							
22							
23							
24							

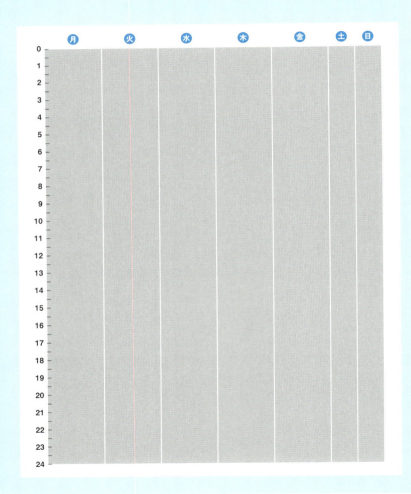

やってみよう
STEP
3

1か月の理想のスケジュールを考える

1日の理想の時間割(p153)をさらに広げて、
スケジュールを作成してみましょう。
ここでは2週間分の枠としていますが、
1か月(4週間)先まで考えておけると理想的です。

❶理想の時間割をもとに朝と夜にやるべきことを記入する
❷日中の予定やタスク、マイルールをパズルのピースにして追加する

	月	火	水	木	金	土	日
0							
1							
2							
3							
4							
5							
6							
7							
8							
9							
10							
11							
12							
13							
14							
15							
16							
17							
18							
19							
20							
21							
22							
23							
24							

column

「ごきげんリスト」を増やしておこう

早起きができているのに、朝の「自分時間」が過ごせているのに、それでもどうしても気分が上がらず、ストレスを感じるときがあります。

そんな緊急事態に備えて、自分を「ごきげん」な状態にもっていくための「ごきげんリスト」をあらかじめつくっておくことをおすすめします。

「ごきげんリスト」には、そこに行くとごきげんになるという「場所」や、その人に会うとごきげんになるという「人」などを入れておきます。

ふだんの生活の中で、「このカフェはいいな」「この人と会うとごきげんになるな」などと思ったときに、メモを残してリスト化していきましょう。

理想は50～100個。気分が上がらないときやストレスを感じるときには、このリストを発動します。

予定がなくなって急に時間ができたときはもちろん、予定を変更してでも「ごきげん」をチャージしたいというときにも、このリストがあると安心です。

参考までに、私の「ごきげんリスト」に入っているものをいくつか紹介します。

☑「ごきげん」になる「場所」

夜、何をやってもうまくいかないというとき、子どもを寝かしつけたあとの21時～22時頃に行くカフェがあります。そこで1杯、ビールを飲みます。だれかと行くわけでも、何かをするわけでもありません。でも、そのカフェに駆け込むと気分を回復できるエスケープゾーンになっています。

ほかにも、自宅にいてどうしても気分が上がらないときに行く近所の定食屋があります。

☑「ごきげん」になる「人」

3か月に1回ほどのペースで会う先輩がいます。その先輩と仕事や経営の話をする時間を定期的に設けておくと、気分が落ちることがありません。また、大学時代の仲のいい友達にも3か月に1回のペースで会っておくと、「最近友達に会っていないな」という変な欲求がたまりません。

☑「ごきげん」になる「場所」と「人」をかけあわせたもの

毎月1回、日曜日の15時から、家族でスーパー銭湯に行って、それから隣にある回転寿司に行き、スーパーで買い物をして帰ってくるということをやっています。

こうした家族のイベントが定期的にあることで、家族も自分も「ごきげん」でいられます。

＊＊＊

また、「ごきげんリスト」のなかには、「フリータイム用のごきげんリスト」もつくっておくことをおすすめします。

時間割どおりに動いていても、予定が早く終わったり、変更になったりして、突然フリーの時間ができることがあります。

たとえば「朝の掃除が早く終わって10分空いた」「仕事のアポがキャンセルになって1時間半空いた」「土曜日の午後に家族が出かけて時間ができた」などというときです。

そんなとき「ごきげんリスト」があれば、その中から選んで実行することで「無駄な時間を過ごしちゃったな……」と思うことなく、充実した時間を過ごすことができます。

- **10分空いたら、コーヒーを1杯入れる**
- **20分空いたら、犬の散歩に行く**
- **1時間半空いたら、マッサージに行く**
- **半日空いたら、読みたかった本を読む**

このように、10分、20分、30分、1時間、1時間半、半日など、時間ごとの「フリータイム用のごきげんリスト」があると最高です。

あらかじめ「フリータイム用のごきげんリスト」があると、そのための準備もしておけます。たとえば「半日空いたら本を読む」と決めていれば、読みたい本をあらかじめ購入しておくことができますよね。

「次のフリータイムはいつかな」と、ちょっとした楽しみをとっておく感覚にもなれます。

Part 6

定期的に「自分面談」をする

「理想の時間割」に完成形はない

時間割のある生活VS時間割のない生活

ここまで読んで、もしかしたら、「思ったよりも細かくつくるんだな」「そんなきっちり生活するなんて、私の性格には向いてないかも」と思っている人がいるかもしれません。

でも、私たちの体には、すでに「時間割文化」が染み付いているはずです。

大人になると時間割どおりに生活することはほぼないと思いますが、私たちは、学生時代のほとんどの期間を、時間割どおりに行動して生活していたからです。

早寝早起きをするには強い意思力が必要だと思っているとしたら、マインドチェンジが必要です。

意思力に頼った早寝早起きは、どこかで無理が生じて、いずれ続かなくなります。**習慣化のコツは、何も考えなくても実行できるようルーティン化すること**です。

その点、毎日の時間割が決まっていると、意思力はそれほど必要なくなります。「明日は朝が早いから、今日はいつもより早く寝なくちゃ」などと考える必要がなく、決められた時間割どおりに、ただ過ごせばいいからです。

はじめは時間割やスケジュールをつくるのは少し大変かもしれませんが、一度つくりあげてしまえば、むしろ時間割があったほうが楽になるのです。

ところで、1日の時間割や1か月のスケジュールはあくまで「理想」でよいというお話をしてきました。

今、みなさんの中には「時間割（やスケジュール）を立ててみたものの、そんなにうまくいくのかな？」という疑問を感じている人もいると思います。

そのとおりです。ここまで立ててきたものは、あくまで理想。一度理想を描いたからといって、いきなりうまくいくとは限りません。

もっといえば、最初からうまくいくほうが稀といってもいいでしょう。

大切なことは、**一度決めたからといって、がんばって無理して続けようと努力することではなく、時間割を見直すこと**です。

仕事の忙しさやライフステージによって、優先順位も変わります。**「理想の時間割」は常に変化していくもの**なのです。

「理想の時間割」に完成形はありません。一度作ったら終わりではなく、そのときの状況に合わせて、都度アップデートすることが大切です。

それでは、より具体的な時間割の見直し方についてみていきましょう。

1日の締めは「自分面談」で終わらせる

自分面談① その日の時間の使い方を「棚卸し」する

まずは**1日単位で振り返り**ます。

今日、時間割に沿って実行してみた結果はどうだったでしょうか？　その日の時間の使い方を「棚卸し」してみましょう。

うまくいったことや、うまくいかなかったこと、よかったこと、悪かったことなど、いろいろな気づき、発見があると思います。

たとえば、「ランチ後に読書するのは案外よかった」「睡眠時間が短くて昼間、眠くなった」「家族で会話する時間が全然なかった」など、さまざまな感想が出てく

1日の終わりの「自分面談」チェックリスト

- 前日は何時に寝たか？
- 今日は何時に起きたか？
- 時間どおりに起きられなかった原因は？
- 自分時間にやりたいことはできたか？達成率は？
- 理想の時間割どおりにできたこと
- 理想の時間どおりにできなかったこと
- 今日自分が「ごきげん」になったこと
- 今日自分が「ふきげん」になったこと
- その他の発見、気づき

ると思います。

これらの気づきに加えて、何時に寝て、何時に起きたのか？　自分時間にやろうと決めたことは実践できたか？　やめようと思っていたことはやめられたか？　といった観点も加えていきます。

たとえば「今日は23時に寝て、6時半に起きられた」「飲み会で寝るのが遅くなったから、睡眠時間が足りなかった」「自分時間に予定どおり読書が30分できた」「掃除だけできた」「夜の

YouTubeはやめられた」など。

これらを、ノートや日記帳、スマホのメモなどに毎日数行でいいので記していきます。

自分面談②　明日の「作戦会議」をしておく

1日の「棚卸し」をしたら、続けて**翌日の「作戦会議」**を行いましょう。

翌日の時間割と自分のやること、やりたいことを照らし合わせ、明日の予定の確認や準備を行います。

次の日の朝になって、「今日ミーティングが4つも入っていたんだ。まずい！」となってしまっては、時間割どおりに過ごせないどころか、余裕のない1日を過ごすことになり、家に帰ってくる頃にはへとへとになっているでしょう。

「ごきげん」とは程遠い1日になりそうですね。

このように当日になって慌てることがないように、前日の夜に明日の予定を確認し、準備しておきます。「ミーティングの資料は朝、目を通して、電車の中でメールを送ろう」などとイメージしておくだけでも、翌日スムーズに動くことができます。

また、その時点で時間割を修正する必要があると感じれば調整も行います。

このように、その日の「棚卸し」をするとともに、翌日の「作戦会議」をする時間を設けることで、時間割が随時更新され、より再現性を高めることが可能になります。

ここまでの作業をすべてやると、時間にして30分程度。**その日の最後に、「棚卸し＋作戦会議」の時間を30分設ける**ことをおすすめします。

私の場合は、夜、食事とお風呂が終わるとパートナーと子どもが遊ぶ時間になるので、20時30分から21時の間、自室に行ってその日の「棚卸し」と翌日の「作戦会議」をしています。

今日やったことに「〇」をつけて、明日やることに「〇」をつけるための準備をしておく。それから、パソコンを閉じて1日の作業を終えます。

「棚卸し」と「作戦会議」の時間は、いわば「自分面談」の時間です。自分と対話することで、翌日に向けて頭のストレッチと準備運動を行います。

週ごとに時間割をアップデートする

達成率より、毎週見直すことが大切

さて、1日30分の「棚卸し＋作戦会議」の時間を設けていくと、少しずつ日々のデータがたまっていきます。

次に、このデータを使って週に1回、翌週の時間割をアップデートしていく方法をご紹介します。

なお、最初の1週間の達成率というのは、まず100％にはなりません。**50％程度ならば上出来**と考えてください。

1週間ごとの「自分面談」も、基本的な考え方は1日単位の「自分面談」と同じです。振り返りと予定の確認をセットにして行います。

❶「棚卸し」の記録を振り返る

毎日の記録を見直して、それぞれの時間の使い方について振り返ります。すると、「今週から残業が増え気味だから、23時に寝るのは無理だな」「6時間の睡眠時間は短いかも」「朝の読書を15分に設定していたけど、もう少し読みたいな」「掃除の時間は30分かかると思っていたけど、15分で終わるな」「家族との時間がもう少しほしい」などの気づきがあるはずです。

「理想の時間割」と、実際にやってみた感覚の違いや発見などがでてきます。

❷翌1週間分の時間割をアップデートする

振り返り内容をもとに翌週の時間割をアップデートします。

先ほどの例であれば、「来週も残業が続きそうだから、寝るのは23時ではなく23時半にする」「6時間半睡眠で試してみよう」「朝の読書は15分から30分に増やそう」

「朝の掃除の時間を30分から15分に減らせそうだから、ほかに15分でできることを追加しようかな」「寝る時間を23時から23時半にして、夕食後の家族との時間を増やそう」など細かい変更を入れていきます。

このような時間割のアップデートを週に1回行い、それを4週間、1か月ほど続けると、精度の高い時間割りができてきます。最初は50％ほどだった達成率が、80％くらいまで上がると思います。

「理想の時間割」づくりは、ここまでがワンセットと考えてください。

週に一度の「自分面談」は、夜時間でなくても、好きな時間に行ってかまいません。「毎週○曜日の○時から2時間」などと枠を固定して、**「自分アポ」としてスケジュールに入れておく**と忘れることもありません。

私の場合は、毎週土曜日の16時から18時の2時間、家から抜け出して、行きつけのカフェで1週間分の見直しを行っています。

1日30分、週1回2時間、月1回半日

時間割の精度が高まっても、その後も1か月に1回くらいはアップデートを続けていきましょう。

1か月に1回のアップデートにかける時間は、だいたい半日くらいです。

ここでは、やるべきこと・やりたいことができたかなどを振り返るとともに、次の1か月の目標を立てていきます。

ここまでの1日、1週間、1か月の「自分面談」の時間を設けられれば十分ですが、私の場合はさらに、3か月に1回ほど「自分合宿」を行っています。

「一人経営合宿」と称して日帰り旅行をして、3か月単位の振り返りを行います。この3か月でできたこと、できなかったことを振り返り、また次の3か月でどうしたいのかを考えます。

このように、数か月に一度じっくり自分を向き合える時間をつくるのも、「ごきげん」をキープするためには効果的です。

時間割に沿って行動していても、「この数か月やってみたけど、とくに何も得られてないな」と思ってしまうことがあると思います。

しかし、実際には小さな変化や前進があるはずです。そうした成果は、振り返りをして自分と対話しなければ見えてきません。

定期的な「自分面談」の時間は、自分が「ごきげん」になるためのチューニングの時間なのです。

「ライフプラン」でチューニング

目標は1つよりも多いほうがいい

1か月の時間の使い方を見直すときに役に立つ方法をご紹介します。

「ライフホイール（人生ホイール）」をご存知でしょうか？

ライフホイールは、「趣味」「仕事」「お金」「健康」「家族」「学習」「社会貢献」「人間関係」という8つの領域について、それぞれの目標を設定してトライするという考え方です。

この8つの領域についてバランスよく目標をもってトライできると、より人生の充実感が高くなるといわれています。

ライフホイール

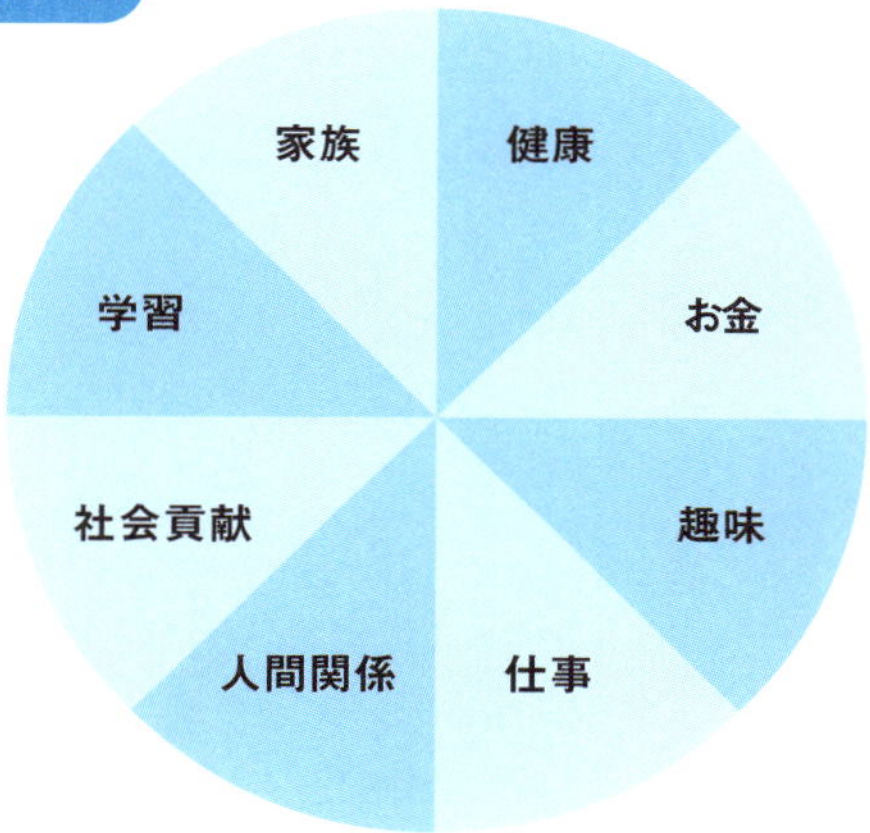

目標というのは、どうしてもある領域に偏りがちです。

早寝早起きができて、仕事もうまくいって、給料が上がっても、家族との時間がなく、子どもに嫌われている状態では、「ごきげん」とはいえません。それで本当に幸せかといったら、疑問が残ります。

また、１つの領域の目標しかないと、それが失敗したときに逃げ場がなくなりますが、８つの領域に分けて考えていれば、どれかが失敗したときのリスクヘッジになります。

たとえば、仕事の領域だけで目標をたてていた場合、それが達成されなかった時点で「失敗」になってしまいます。でも、ほかの7つの領域にも目標があって、それらが達成されていれば、「今月は仕事はいまいちだったけど、全体としてはよかったな」と納得することができます。

お金の投資でもリスク回避のために分散投資をしますが、それと同じ考え方です。

私は毎月、この「ライフホイール」を使ってそれぞれ8つの領域ごとに3つの目標を立てています。8領域×3目標で、全部で24の目標ができます。

たとえば「趣味」なら「観たかった○○の映画を観る」、「家族」なら「娘の誕生日を○○で祝う」、「人間関係」なら「○○さんと会って、モーニングをいっしょにとる」といった具合です。

こうして毎月、ライフホイールにしたがって多角的に目標を決めておくと、バランスのよい時間の使い方ができるようになります。

「今月のメイン目標」に沿って時間の使い方を変えてみる

また、ライフホイールの8領域をすべてがんばろうと考えるのではなく、領域によって度合いを変えることもできます。

たとえば、「今月は仕事をがんばりたいから、趣味や人間関係の優先度を下げよう」と決めておけば、趣味や人間関係の時間がもてなくても納得感が得られます。

私の場合は領域ごとに3つの目標を立てていますが、1つずつでもOK。まずは月のはじめに、ライフホイールの8つの目標を決めます。そして、その目標を朝・夜・休日の時間にどう落とし込むか？　を考えていきます。

「今月は仕事をがんばりたい」というときは、先月は読書に充てていた30分を仕事の時間に変更します。「今月は資格試験が迫っているので勉強時間を増やしたい」というときは、先月のランニングの時間を資格勉強の時間に設定し直します。

また、「子どもと夏休みのラジオ体操に行く」という目標があるなら、ラジオ体操の時間を組みこんでもいいでしょう。「パートナーが長期出張で不在」というときは、家事全般をカバーする必要があるので、勉強の時間を減らして、家事の時間を増やします。

通常、1日の時間割というのは、日々のルーティーンをどうしたいかというところから積み上げていきますが、これに対し「ライフホイール」を使った考え方は、月単位で何を重視したいかを考えます。

実際、先月決めたスケジュールが、今月も同じスケジュールでうまくいくとは限りません。

「ライフホイール」を使ってその月の目標を決めておくことで、その月のライフプランに合わせて、時間の使い方をチューニングすることができるようになります。

ライフホイールに沿って目標を立てる

	（例）	考えてみよう！	
健康	毎日15分 散歩する		
お金	コンビニの 無駄づかいを なくす		
趣味	ゴルフの 打ちっぱなしに 週１で行く		
仕事	新規アポ 10件獲得		
人間関係	○○先輩に 連絡する		
社会貢献	マイボトルを 持っていく		
学習	月５冊 本を読む		
家族	パートナーと ランチにいく		

睡眠時間は「夏」と「冬」で見直しする

「睡眠時間は死守」の基本スタンスは変わらない

時間割を見直すときに、絶対にやってはいけないことがあります。
それが、睡眠時間を削ることによって帳尻を合わせること。
繰り返しになりますが、**睡眠時間は「ごきげん」の最低条件**です。

ただ、例外として、睡眠時間を調整していい場合があります。
それが、**「季節によって変えていく」**という発想です。

私は、自分の時間割の振り返りをするなかで、夏と冬で睡眠時間を変える必要があると実感しています。

私の場合、夏は7時間、冬は7・5時間から8時間の睡眠をとるとちょうどいいという感覚があります。

実際、睡眠時間は冬のほうが長くなるものなのです。

冬は昼間の時間が短く、気温も低くなります。寒さを感じると、人間はそれだけで疲れやすくなります。つまり、夏場よりも冬場のほうが、同じ活動をしていても、より疲労を感じやすくなります。

そして、疲労を感じると、眠気がでます。

経験のある人も多いと思いますが、冬の朝は、「眠い」と「寒い」のダブルパンチをうけるので、なかなか起きることができません。

このうち、「寒い」は暖房等で調整することができますが、「眠い」を外部環境によってなくすことはできません。そこで、**冬の睡眠時間は30分から1時間長くす**

ることによって「眠い」を解消する必要がでてくるのです。

動物でも冬は「冬眠」するくらいですから、冬の睡眠時間は長くなるのが自然ともいえるでしょう。

私の場合、冬はいつもより30分早く寝て睡眠時間を増やしています。その代わり起床時間は変えません。

東京の冬の日の出は6時半頃ですが、夏は4時半頃です。**太陽の動きにあわせて睡眠時間を切り替える**という発想もあると思います。いつもは6時に起床しているところを、冬は起床時間を30分遅らせて、日の出の時間と同じ6時半に設定するというのもよいと思います。

十分な睡眠時間を確保することは最低条件。そのうえで、季節によって切り替えるという発想をもっておくと、「理想の時間割」を達成しやすくなります。

やってみよう
STEP
4

1日の理想の時間割を見直そう

p153で作成した理想の時間割をもとに、「自分面談」してみましょう。
予定どおりに動けていなくても大丈夫。
何度も見直しをして、少しずつ精度を高めていきましょう。

0
1
2
3
4
5
6
7
8
9
10
11
12
13
14
15
16
17
18
19
20
21
22
23
24

- ✓ 睡眠時間は十分にとれているか?
- ✓ 就寝時間と帰宅時間の設定に無理はないか?
- ✓ 自分時間の内容に見直しは必要ないか?
- ✓ 来週も同じ時間割で過ごせそうか?
- ✓ 時間割どおりに過ごしてみて、自分が「ごきげん」になっているか?

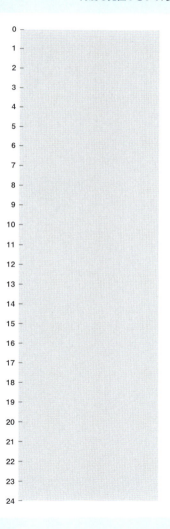

Part 7

早寝早起きを制するために

夜時間＝早起きのための準備時間

夜の負担は最小限に抑えて

夜時間は、翌朝、すっきり起きるための準備時間です。

ですから、夜に重要な仕事をしたり、資格試験の勉強を根詰めてやるというのは間違いです。そもそも、夜の疲れた状態でやっても生産性はあがりません。

夜の自分に期待しないことです。大事なタスクほど、次の日の朝にまわしましょう。

では、翌朝のための準備として何ができるでしょうか？

まずは、Part6でお伝えした、「自分面談」の時間に充てること。
毎晩寝る前は、その日の振り返りと明日の作戦会議をします。

どんなに才能のあるスポーツ選手でも、試合だけをしていれば、その人の選手生命は短いでしょう。試合前の準備運動や試合後の体のメンテナンスがあってこそ、長く活躍するためのベースがつくられます。

夜、寝る前に「自分面談」をしておくことは、毎日を「ごきげん」に過ごすために必要な心のストレッチと準備運動です。

家族やパートナーがいても、1日の終わりは自分と対話して終わることが望ましいです。

明日を「ごきげん」からはじめるために

ほかに、身の回りのことをちょっと整えておくという使い方もありです。

Part2で「明日の自分に期待する」と言いましたが、かといって、テーブルの上が雑然としていたり、食べっぱなしで食器も洗っていない状態で朝を迎えるのはよくありません。

テーブルの上くらいはきれいにして、食器は洗って乾かしておくなど、**可能な範囲で生活空間をリセットした状態で1日を終えておくと、翌朝の「ごきげん度」が上がります。**

明日着る服を用意しておくなどもいいですね。

そのほか、心地よく眠るための、好みのTips（裏技、コツ）を取り入れることもおすすめです。

- ストレッチをする
- 部屋の明かりを少し落としておく
- お香をたいてリラックスする

● ハーブティーを飲む

● 着心地のよいパジャマを着る

あれもこれもやろうとすると大変になるので、ここでも「自分の気分が上がること」が大事。負担にならない程度に、寝る準備と次の日の朝のためになることをやってみてください。

早寝の成功率を上げるために

夜時間の邪魔をする3大要因

早起きをするには、早寝をすることが大切です。でも、わかっていても難しいのが早寝です。

よくあるのが、仕事で疲れて帰ってきて、「今からようやく自分の時間だ！」とばかりに、だらだらと夜更かししてしまうこと。なんとなく、このまま今日を終わらせたくないという気分になってしまうことがあります。

寝るのが夜中の1時や2時になってしまえば、早起きはできなくなります。

無理すれば「夜中の1時に寝て、朝5時に起きる」ということもできるかもしれませんが、これは長続きしません。私も無理です。

早起きのためには、まずは夜時間の過ごし方を見直す必要があるのです。

では、夜時間の過ごし方に影響する3大要因といえば、なんでしょうか。

それが「残業」「飲み会」「スマホ」です。

「残業」「飲み会」についてはすでに触れたので、ここでは最後の「スマホ」について考えていきます。

魅力的すぎるスマホをどうするか

スマホとどうつきあうか。現代のいちばんの課題だと思います。

スマホとのつきあい方の鉄則は、**寝る1時間前から遠ざけて、画面を見ないよ**

うにすることです。

正直にいって、これしか方法はありません。物理的に距離を置くしかないのです。

スマホには、SNSやYouTube、Netflixなど魅力的なコンテンツがあふれています。

そばに置いておくと、どうしても「見たい！」という欲求が出てきます。この欲求に抗えず、つい友達からのLINEに返信したり、SNSを見たり、YouTubeを見たりしてしまいます。

YouTubeのコンテンツなどは、動画作りの天才たちが作っているものなので、見たいという欲求に勝てるはずがありません。

夜のスマホ問題に関しては、自分の意志の強さを信じてはいけません。潔く負けを認め、スマホを物理的に遠ざけてしまいましょう。

私の場合は、寝室にスマホを置かないようにしています。

スマホをアラームとして使っている人は少なくないと思いますが、あまりおすすめしません。翌日アラームを止めるために、スマホを枕もとに置いておくことになるからです。

アラームとは別に目覚まし時計を用意して、スマホは使わないようにします。

どうしてもスマホが近くにないと都合が悪いという人は、**「おやすみモード」**や**「機内モード」**を使うこともおすすめです。

「おやすみモード」は、就寝時間の指定した時間などに、アプリの通知や着信音が鳴らないようにする機能です。特定の人物からの着信はお知らせしてくれるように設定することもできます。

「機内モード」は、Wi-Fi や Bluetooth、ＧＰＳ機能など無線通信を一括でオフにするものです。仕事や勉強に集中したいときに便利な機能で、夜時間だけでなく、朝の「自分時間」に利用するのも有効です。

夜、入浴後にスマホを少し確認したら、寝室には持ち込まない。

これだけで、「理想の時間割」どおりの早寝早起きが実現しやすくなると思います。

苦手な「二度寝」を防ぐには

自分に合ったトリガーを見つけよう

ここまで、早寝早起きの魅力を語ってきましたが、それでも朝は苦手で、どうしても二度寝してしまうという人がいるかもしれません。

そこで、二度寝を防ぐための方法をご紹介しましょう。


二度寝を防ぐコツは、トリガーを用意することです。

たとえば私は、朝起きたら掃除→散歩の流れになるので、着がえとして軽い運動着を用意しています。この着がえが私にとってのトリガーになっています。

着がえはベッドの脇ではなく、リビングのソファの上に置いています。朝起きて着がえができたら、この時点で8割方、早起きに成功しています。パジャマから運動着に着がえてしまえば、その格好でまたベッドに戻ろうとは思いません。

着がえをして、ドアを開けて、外に出ることができれば、100%大成功。日の光を浴びると、勝手に目が覚めます。

散歩から戻ったら、料理、瞑想、読書……と決められた朝時間のルーティンをこなしていきます。

あなたは、何をトリガーにすれば早起きできそうでしょうか？　自分の「早起きトリガー」を考えてみましょう。

- パジャマから着がえる
- シャワーを浴びる
- カーテンを開けて日光を浴びる
- ストレッチをする

こうした「早起きトリガー」を見つけて、朝起きたときに最初に行うこととして習慣化してしまいましょう。

ただし、1つだけやってはいけないことがあります。それが、スマホを見ることです。

朝起きてすぐにスマホを開いて、SNSを見て、ニュースを見て、インスタを見て、YouTubeを見る……。これはやめましょう。

脳が目覚めた瞬間から大量の情報にさらされることになります。

スマホから流れてくる情報は、他者がつくったものです。朝いちばんにスマホを見るということは、つまり起きた瞬間から他人に時間を奪われていることになります。

改めて言いますが、早起きは1日を「自分軸」ではじめるための手段。**「自分時間」が終わるまでは、スマホに触れないようにしましょう。**

こんな工夫をしている人も

私は、早寝早起きの習慣の素晴らしさを多くの人に広めたいと思い、25歳のときに「朝渋」という早起きコミュニティをつくりました。

早起きして朝に渋谷で集まるので「朝渋」です。

「朝渋」では、第一線で活躍するゲストから学ぶトークイベントを開催するほか、早起きを習慣化する取り組みを行いました。

たとえば、メンバーのなかで「ランニング」や「英語」など共通の趣味や興味をもとに「部活」のようなグループをつくって定期的に朝活を行ったり、毎月、違ったメンバーで男女5人のＬＩＮＥグループをつくり、朝の活動の様子を互いに報告しあうというものです。

この「朝渋」のメンバーは、早起きをするために、さまざまな工夫をしています。

いくつか事例を紹介しますので、ぜひ参考にしてみてください。

早起きが楽しみになる仕掛けを用意する

ちょっとした楽しみがあると、早起きをしたくなります。

たとえば、ホテルに泊まったとき、美味しい朝食ビュッフェがついていると、早起きして朝食会場に行くのが苦ではなくなると思います。それと同じように朝食を充実させます。

いつもとは違う美味しい納豆を買ってきたり、パンを何種類も用意したり、旬の果物を用意したり、朝起きて朝食が楽しみになるような準備をしておきます。

このように、**早起きしたくなるような仕掛けを自分なりに演出する**のです。

朝のお得なサービスを利用する

朝の時間帯に値段が安くなるサービスを利用するのもいいでしょう。

たとえば、ゴルフの練習場は、朝の5時から営業しているところがあります。なかには、打席料金を払えばボールは打ち放題というサービスをしているところもあります。

朝だけお得なサービスを見つけておくと、それが早起きのモチベーションになります。

グループで取り組む

皇居ランなどは、グループをつくると長く続くといわれています。同じ志をもった人でグループをつくると、メンバー同士で励ましあいながら挑戦できるからです。さらに、自分だけやめるわけにはいかないという気持ちにもなりやすいです。

それがいい意味で、早寝早起きを続ける強制力として働くようになるというわけです。

早寝早起きのグループをつくるなら、できれば4、5人で集まることをおすすめします。 2人だけでは1人が離脱すると終了してしまうからです。

グループができたら、LINEなどのグループをつくり、朝の活動の様子を互いに報告しあいます。

さらに、**月に1回程度の割合で、朝の時間帯に直接コミュニケーションをとる場を設定しておくと効果的**です。

たとえば、「毎月第1水曜日の朝7時にカフェに集まってモーニングをとる」などと決めておきます。

ひとりなら「今日はいいかな」と妥協してしまうことでも、グループのメンバーが集まっていると思うと、自然と早起きして参加するようになります。そこでお互いの朝活の様子や、掲げている目的について達成具合などを共有します。

ひとりだとサボってしまうという人は、グループをつくって取り組むというのも1つの手です。

早寝早起きを制するためには、大きな意思決定ではなく、小さな意思決定に「こだわり」を持つことが大事です。

このこだわりの積み重ねが、「余裕のない1日」を「充実した1日」に変えるきっかけになります。

ぜひ、あなたなりの早寝早起きの制し方を見つけてみてください。

おわりに

早起きはだれもが手にすることのできる「武器」

まず、この本を手に取っていただき、ここまで読み進めてくださったことに、心から感謝します。数ある本の中からこの1冊を選び、あなたの大切な時間を割いて読んでくださったことが、本当に嬉しいです。

朝を制するものは人生を制す。

幼い頃から続けてきた早寝早起きは、ただの生活習慣ではなく、私の人生の土台となり、道しるべとなるものでした。そして、この本が、あなたにとっても同じように「朝を味方にするきっかけ」になれば、これ以上の喜びはありません。

早起きは、決して特別な人だけができるものではありません。それはだれにでも手に入れられる「武器」です。

朝という静かな時間を使って、自分のためだけの「自分時間」をつくることで、1日に余裕が生まれます。その余裕が、やがて大きなエネルギーとなり、周りの人との関係や仕事の質、そして心の安定へとつながっていきます。

4歳と0歳の娘を育てる日々は、毎日が予想外の連続です。夜泣きや予期せぬトラブルが起きると、計画していたスケジュールが一瞬で崩れてしまいます。育児、仕事、そして早起きの三刀流を続けるのは、想像以上に大変です。（現在進行中で奮闘中です！）

これまで、幼少期から早寝早起きを続けてきた私でも、育児という現実の前ではその自信が揺らぐ瞬間がありました。「早起きなんて無理だ」「自分の時間なんてもうない」と諦めかけたことも何度もあります。

それでも、育児と仕事の中でたどり着いた答えは、「がんばりすぎない」ことでした。

この本のテーマでもある「がんばらない早起き」は、まさにその発想から生まれました。

完璧にやろうとしなくていいのです。「今日は5分だけでも自分の時間をつくろう」――そんな小さな一歩を意識するだけで、朝の時間が少しずつ整い、気持ちが落ち着いていくのを実感しました。

好きな本を読む、コーヒーを味わう、軽くストレッチをする――その小さなひとときが、他人に時間を奪われがちな忙しい日々の中で、自分を取り戻す大切なカギとなります。

#がんばらない早起き

最後に、この本が、あなたの「新しい朝」をはじめるきっかけとなり、毎日に少しずつ彩りを加えていける手助けとなれば嬉しいです。

もしこの本を読んで感じたことや、早寝早起きに挑戦してみた感想、そして質問があれば、ぜひSNSでシェアしてください。あなたの投稿が、きっとだれかの背中を押すきっかけになるはずです。

私は「#がんばらない早起き」であなたの声を待っています。

早寝早起きが、あなたの毎日をより明るく、充実したものにしてくれることを心から願っています。

またどこかの朝でお会いしましょう。

井上皓史

夜です。

今日も1日おつかれさまでした。
夜時間は、明日の朝のための準備時間。
ＳＮＳを見るのはほどほどにして、
今夜も早めに就寝しましょう。

え？　まだ今日の洗濯物をたたんでいない？
今夜がんばる気力がない？

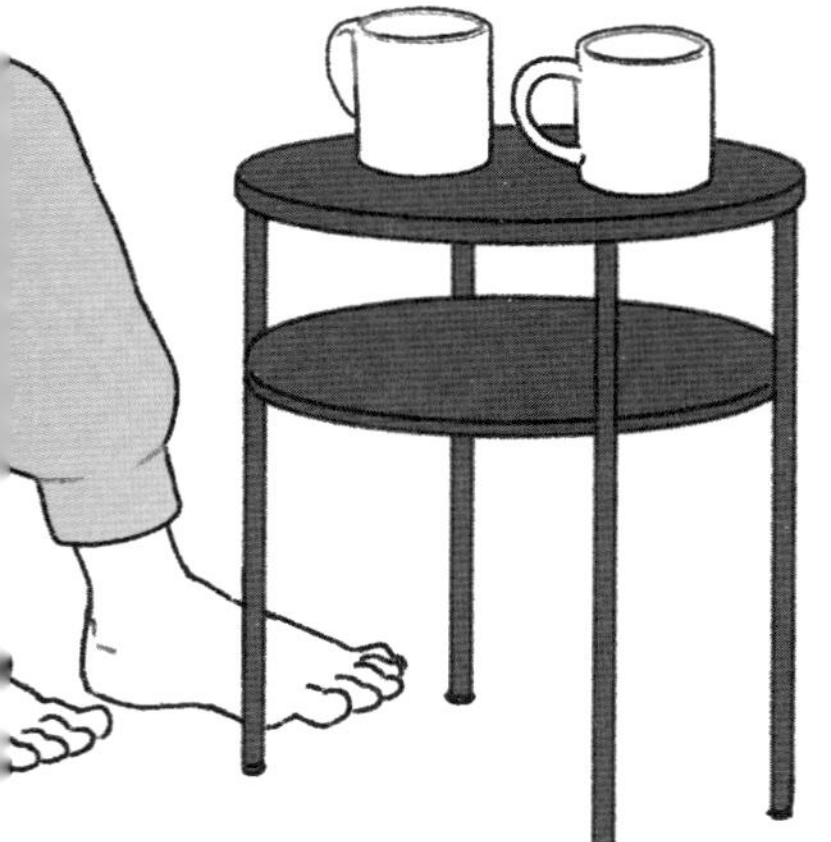

大丈夫。早起きが習慣化しているあなたなら
焦らなくても、明日の朝の自分が
フォローしてくれるはずですから。

翌日の予定を確認したら、いつもどおりの時間に寝室へ。
また明日の朝お会いしましょう。

おやすみなさい。

【著者紹介】

井上　皓史（いのうえ・こうじ）

◉――早寝早起き研究所「朝渋」代表。株式会社Morning Labo取締役。1992年東京都生まれ、2児の父。

◉――2017年より朝活コミュニティ「朝渋」を東京・渋谷で立ち上げ、読書や英会話、ゲストを招いたトークイベントなど、さまざまな活動を行う。「5時こーじ」の名でSNSやメディアで早起きのメソッドを発信するほか、3万人以上を動員する朝の読書会なども開催。早起きを日本のスタンダードにすることを目指し、これまで1000人以上を早寝早起き体質に変えている。

◉――著書に、『昨日も22時に寝たので僕の人生は無敵です』（小学館）がある。

がんばらない早起《はやお》き

2025年１月20日　第１刷発行
2025年５月14日　第５刷発行

著　者――井上　皓史
発行者――齊藤　龍男
発行所――株式会社かんき出版
東京都千代田区麹町4-1-4 西脇ビル　〒102-0083
電話　営業部：03(3262)8011㈹　編集部：03(3262)8012㈹
FAX　03(3234)4421　振替　00100-2-62304
https://kanki-pub.co.jp/

印刷所――ベクトル印刷株式会社

ISBN978-4-7612-7781-9 C0030